ꔹ 완자 공부력

Ⓠ 왜 공부력을 키

쓰기력

정확한 의사소통의 기본기이며 논리의 바탕

연필을 잡고 종이에 쓰는 것을 괴로워한다!
맞춤법을 몰라 정확한 쓰기를 못한다!
말은 잘하지만 조리 있게 쓰는 것이 어렵다!
그래서 글쓰기의 기본 규칙을 정확히 알고
써야 공부 능력이 향상됩니다.

어휘력

교과 내용 이해와 독해력의 기본 바탕

어휘를 몰라서 수학 문제를 못 푼다!
어휘를 몰라서 사회, 과학 내용 이해가 안 된다!
어휘를 몰라서 수업 내용을 따라가기 어렵다!
그래서 교과 내용 이해의 기본 바탕을
다지기 위해 어휘 학습을 해야 합니다.

독해력

모든 교과 실력 향상의 기본 바탕

글을 읽었지만 무슨 내용인지 모른다!
글을 읽고 이해하는 데 시간이 오래 걸린다!
읽어서 이해하는 공부 방식을 거부하려고 한다!
그래서 통합적 사고력의 바탕인 독해 공부로
교과 실력 향상의 기본기를 닦아야 합니다.

계산력

초등 수학의 핵심이자 기본 바탕

계산 과정의 실수가 잦다!
계산을 하긴 하는데 시간이 오래 걸린다!
계산은 하는데 계산 개념을 정확히 모른다!
그래서 계산 개념을 익히고 속도와 정확성을
높이기 위한 훈련을 통해 계산력을 키워야 합니다.

세상이 변해도
배움의 즐거움은
변함없도록

시대는 빠르게 변해도
배움의 즐거움은
변함없어야 하기에

어제의 비상은
남다른 교재부터
결이 다른 콘텐츠
전에 없던 교육 플랫폼까지

변함없는 혁신으로
교육 문화 환경의 새로운 전형을
실현해왔습니다.

비상은 오늘, 다시 한번
새로운 교육 문화 환경을 실현하기 위한
또 하나의 혁신을 시작합니다.

오늘의 내가 어제의 나를 초월하고
오늘의 교육이 어제의 교육을 초월하여
배움의 즐거움을 지속하는 혁신,

바로, 메타인지학습을.

상상을 실현하는 교육 문화 기업 비상

메타인지학습
초월을 뜻하는 meta와 생각을 뜻하는 인지가 결합된 메타인지는
자신이 알고 모르는 것을 스스로 구분하고 학습계획을 세우도록 하는
궁극의 학습 능력입니다. 비상의 메타인지학습은 메타인지를 키워주어
공부를 100% 내 것으로 만들도록 합니다.

완자

공부력

초등 전과목
어휘 4B

초등 전과목 어휘
3-4학년군 구성

– 3A, 3B, 4A, 4B –

국어 교과서

✔ 문학
남다르다 | 일생 | 후세 | 실재
4개 어휘 수록

✔ 문법
밤사이 | 독창적 | 유추 | 유입 | 대체 등
16개 어휘 수록

✔ 읽기
요약 | 전달 | 설득 | 판단 | 중시 등
20개 어휘 수록

✔ 말하기, 쓰기
구분 | 근거 | 주장 | 전개 | 견문 등
20개 어휘 수록

사회 교과서

✔ 사회·문화, 생활
특색 | 계승 | 공유 | 차별 | 유출 등
52개 어휘 수록

✔ 법, 경제, 정치
교환 | 경쟁 | 다수결 | 지급 | 자율 등
24개 어휘 수록

✔ 지역, 지리
사계절 | 편의 | 수확 | 밀집 | 재난 등
20개 어휘 수록

✔ 역사
변방 | 숭배 | 집대성 | 순국 | 대항 등
20개 어휘 수록

3~4학년 교과서에 나오는 필수 어휘를
과목별 주제에 따라 배우며 실력을 키워요!

수학 교과서

✓ **연산, 수**

기간 | 원인 | 밀접 | 오차 | 배분 등

24개 어휘 수록

✓ **도형**

구조 | 막대하다 | 무작위 | 자재 | 견고하다 등

12개 어휘 수록

✓ **그래프, 규칙**

제외 | 배열 | 중복 | 섭렵 | 나선 등

12개 어휘 수록

과학 교과서

✓ **생물, 몸**

번식 | 척박하다 | 서식지 | 예방 | 면역력 등

36개 어휘 수록

✓ **대기, 지구, 우주**

지름 | 증발 | 수평 | 남용 | 분출 등

36개 어휘 수록

✓ **물질, 빛, 열**

보관 | 탄력 | 접촉 | 원료 | 직진 등

16개 어휘 수록

✓ **기술, 전기**

추리 | 타당하다 | 감전 | 낭비 | 점검 등

8개 어휘 수록

특징과 활용법

✳ 그림과 한자로
교과서 필수 어휘를
배우고 문제를 풀며
확장하여 익혀요.

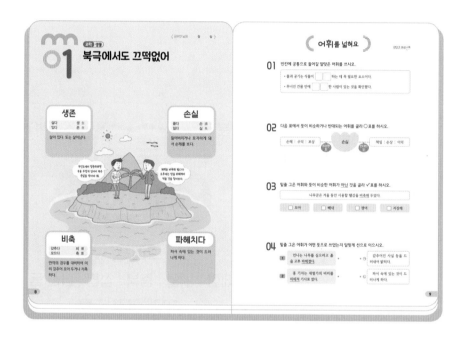

✳ 필수 어휘와 연관된
관용 표현과
문법을 배우고,
교과서 관련 글을
읽으며 어휘력을
키워요.

✅ 책으로 하루 4쪽씩 공부하며, 초등 어휘력을 키워요!

✅ 모바일앱으로 공부한 내용을 복습하고 몬스터를 잡아요!

공부한 내용 **확인하기**

모바일앱으로 **복습하기**

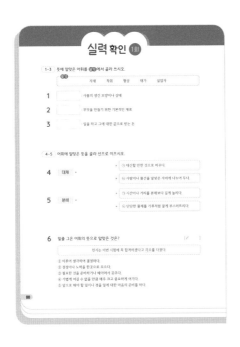

앱 다운받기 　　　 책 인증하기

✳ 20일 동안 배운 어휘를 문제로 💡
풀어 보며 자기의 실력을 확인해요.

✳ 그날 배운 내용을 바로바로,
또는 주말에 모아서 복습하고,
다이아몬드 획득까지! 💎
공부가 저절로 즐거워져요!

차례

일차		교과 내용	어휘	쪽수	공부 확인
01	과학 생물	북극에서도 끄떡없어	생존 손실 비축 파헤치다	8	◯
02	사회 사회·문화	아이는 줄고, 노인은 늘고	진입 마련 추정 전망	12	◯
03	국어 읽기	정약용의 독서 방법	세세하다 저술 중시 한결같다	16	◯
04	사회 경제	착한 소비를 해요	적정 대가 지급 착취	20	◯
05	사회 지리	허리케인 대 토네이도	빈번하다 재난 마비 위력	24	◯
06	국어 쓰기	여행을 다녀와서 써요	감상 일정 각오 견문	28	◯
07	사회 사회·문화	인공 지능과 함께하는 미래	구비 대량 실업자 수월하다	32	◯
08	수학 도형	삼각형을 활용한 건축	자재 선보이다 지지 견고하다	36	◯
09	국어 문법	자랑스러운 한글	독창적 자부심 기울이다 부치다	40	◯
10	과학 우주	길을 안내해 주는 별	길잡이 형상 항해 연장	44	◯
11	사회 법	사회를 유지하는 힘	자율 제재 강제 규범	48	◯
12	국어 문법	어처구니와 뜬금	시세 매기다 분쇄 유추	52	◯
13	과학 우주	우주선에서 떠다니는 이유	끊임없다 끌어당기다 작용 비례	56	◯
14	수학 수	이집트인이 좋아한 분수	배분 상징 배치 치유	60	◯
15	사회 사회·문화	인터넷 바르게 사용하기	유출 의존 비방 침해	64	◯
16	과학 지구	화산 활동의 두 얼굴	분출 덮다 기름지다 고이다	68	◯
17	사회 역사	유관순, 독립 만세를 외치다	순국 거행 진압 대항	72	◯
18	국어 문법	우리말 지키기	유입 대체 근본 자긍심	76	◯
19	수학 연산	평균의 함정	속출 신뢰 수심 간과	80	◯
20	과학 몸	우리 몸에 사는 세균	증상 면역력 일으키다 회복	84	◯
〰 실력 확인 1회, 2회				88	◯

우리도 하루 4쪽 공부 습관!
스스로 공부하는 힘을
키워 볼까요?

큰 습관이
지금은 그 친구를 이끌고 있어요.
매일매일의 좋은 습관은 우리를 좋은
곳으로 이끌어 줄 거예요.

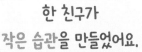

한 친구가
작은 습관을 만들었어요.

매일매일의 시간이 흘러
작은 습관은 큰 습관이 되었어요.

01

과학 생물

북극에서도 끄떡없어

생존

| 살다 | 생 生 |
| 있다 | 존 存 |

살아 있다. 또는 살아남다.

손실

| 줄다 | 손 損 |
| 잃다 | 실 失 |

잃어버리거나 모자라게 돼서 손해를 보다.

무인도에서 생존하려면 옷을 두껍게 입어서 체온 손실을 막아야 해.

체력을 비축해 뒀다가 오후에는 땅을 파헤쳐서 먹을 것을 찾아보자.

비축

| 갖추다 | 비 備 |
| 모으다 | 축 蓄 |

만약의 경우를 대비하여 미리 갖추어 모아 두거나 저축하다.

파헤치다

파서 속에 있는 것이 드러나게 하다.

어휘를 넓혀요

01 빈칸에 공통으로 들어갈 알맞은 어휘를 쓰시오.

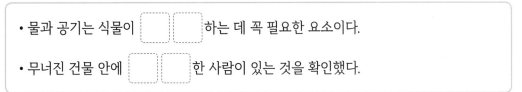

- 물과 공기는 식물이 ☐☐ 하는 데 꼭 필요한 요소이다.
- 무너진 건물 안에 ☐☐ 한 사람이 있는 것을 확인했다.

02 다음 표에서 뜻이 비슷하거나 반대되는 어휘를 골라 ○표를 하시오.

손해 | 수익 | 보상 ------ 비슷한 뜻 — 손실 — 반대의 뜻 ------ 책임 | 손상 | 이익

03 밑줄 그은 어휘와 뜻이 비슷한 어휘가 <u>아닌</u> 것을 골라 ✓표를 하시오.

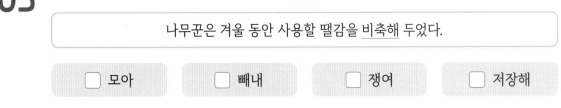

나무꾼은 겨울 동안 사용할 땔감을 <u>비축해</u> 두었다.

☐ 모아   ☐ 빼내   ☐ 쟁여   ☐ 저장해

04 밑줄 그은 어휘가 어떤 뜻으로 쓰였는지 알맞게 선으로 이으시오.

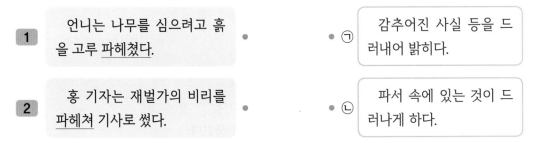

1   언니는 나무를 심으려고 흙을 고루 <u>파헤쳤다</u>.

㉠ 감추어진 사실 등을 드러내어 밝히다.

2   홍 기자는 재벌가의 비리를 <u>파헤쳐</u> 기사로 썼다.

㉡ 파서 속에 있는 것이 드러나게 하다.

05 〔 〕 안의 말 중에서 표기가 바른 것을 골라 ○표를 하시오.

1 누나는 〔 베개 / 베게 〕를 받치고 누워 텔레비전을 봤다.

2 나는 동생을 〔 대리고 / 데리고 〕 아빠 심부름을 하러 편의점에 갔다.

3 엄마는 나에게 학원을 빠지고 〔 도대채 / 도대체 〕 어디를 다녀왔냐고 물으셨다.

4 가족끼리 외식을 하고 온 사이에 강아지가 꽃밭을 다 〔 파해쳐 / 파헤쳐 〕 놓았다.

06 다음 상황을 표현할 수 있는 관용 표현으로 알맞은 것은? [✎   ]

> 나는 가게 주인의 말에 속아서 실제 가격보다 두 배 이상 손실을 보고 물건을 샀다.

① 깡통을 차다　　　② 감투를 쓰다　　　③ 바가지를 쓰다
④ 보따리를 싸다　　　⑤ 고삐를 조이다

07 밑줄 그은 한자 성어의 뜻으로 알맞은 것은? [✎   ]

> 베짱이: 이보시오, 개미 양반. 배가 너무 고픈데 식량을 좀 나누어 줄 수 없겠소?
> 개미: 아니, 겨울에 먹을 식량을 하나도 비축해 두지 않았단 말이오?
> 베짱이: 겨울이 오기 전까지 노래하고 노느라 식량을 비축하지 않았소.
> 개미: 저런. '유비무환(有備無患)'이라고, 미리 겨울을 보낼 준비를 했으면 좋았을 텐데.

① 지나친 것은 미치지 못한 것과 같다.
② 작은 것을 욕심내다가 큰 손해를 입는다.
③ 자신의 몸을 희생해서 옳은 일을 행하다.
④ 미리 준비가 되어 있으면 걱정할 일이 없다.
⑤ 물건을 보면 그것을 가지고 싶은 욕심이 생긴다.

08~10 다음 글을 읽고, 물음에 답하시오.

과학 생물

북극은 지구의 북쪽 끝에 있는 지역으로, 겨울철 평균 기온은 영하 35~40도이고 여름철 기온은 보통 0도 안팎이다. 너무 추워서 그 무엇도 생존할 수 없을 것 같지만 북극곰, 북극여우, 토끼 등이 살고 있다. 대표적으로 북극곰이 북극에서 어떻게 생존하는지 살펴보자.

북극곰의 피부에는 촘촘하게 난 짧은 털과 뻣뻣하고 긴 털이 이중으로 덮여 있어 체온 손실을 막아 준다. 또 피부가 검은색이어서 햇볕을 잘 흡수해 몸을 따뜻하게 한다. 북극곰의 귀와 꼬리는 다른 종류의 곰에 비해 유난히 작은데, 귀와 꼬리가 작으면 몸밖으로 빠져나가는 열을 줄여 체온을 유지하는 데 도움이 된다. 그럼 생존에 필요한 먹이는 어떻게 구할까? 북극곰의 하얀 털은 북극곰이 먹잇감을 사냥하는 데 도움을 준다. 하얀 털이 눈으로 뒤덮인 주변 환경과 색이 비슷해서 바다표범이나 순록 같은 먹잇감에게 들키지 않고 가까이 다가갈 수 있기 때문이다. 봄과 여름에 얼음이 녹아 사냥이 어려워지면 땅을 파헤쳐 식물을 먹기도 하는데, 몇 달 동안 먹지 않아도 몸에 비축해 놓은 지방을 쓰며 살아갈 수 있다고 한다.

08 이 글의 핵심 내용을 파악하여 빈칸에 들어갈 알맞은 말을 쓰시오.

{ ☐☐에 사는 북극곰의 생존 방법 }

09 북극곰에 대한 설명으로 알맞지 <u>않은</u> 것은? [✏]

① 봄, 여름에는 식물을 먹기도 한다.
② 하얀 피부가 체온 유지에 도움을 준다.
③ 귀와 꼬리가 다른 종류의 곰에 비해 작다.
④ 이중으로 덮인 털이 체온 손실을 막아 준다.
⑤ 몇 달 동안 먹지 않아도 비축해 놓은 지방을 쓰며 살 수 있다.

10 북극곰의 하얀 털이 생존에 도움이 되는 까닭으로 알맞은 것은? [✏]

① 먹잇감을 쉽게 찾을 수 있어서
② 햇볕을 잘 흡수해 몸을 따뜻하게 해서
③ 자기를 공격하려는 동물을 위협할 수 있어서
④ 먹잇감에게 들키지 않고 접근하여 사냥할 수 있어서
⑤ 다른 북극곰들에게 자신의 존재를 쉽게 알릴 수 있어서

사회 사회·문화

아이는 줄고, 노인은 늘고

진입

| 나아가다 | 진 進 |
| 들어가다 | 입 入 |

목적한 곳으로 들어서거나 일정한 상태에 들어가다.

마련

필요한 것을 준비하거나 헤아려서 갖추다.

어느 쪽 길로 진입해야 하지? 지도를 미리 마련했어야 했어.

표지판을 보고 추정하자면 오른쪽 길로 가야 박물관이 나올 거라고 전망할 수 있어.

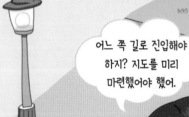

추정

| 헤아리다 | 추 推 |
| 정하다 | 정 定 |

미루어 생각하여 결정하다.

전망

| 살피다 | 전 展 |
| 바라보다 | 망 望 |

앞날을 헤아려 내다보다. 또는 내다보이는 앞날의 상황

어휘를 넓혀요

정답과 해설 7쪽

01 밑줄 그은 어휘의 뜻에 맞는 말을 괄호 안에서 골라 ○표를 하시오.

1 차가 많아서 고속도로 진입이 쉽지 않다.
→ 뜻 목적한 곳으로 (들어서다 │ 빠져나오다).

2 전문가들은 도자기가 고려 시대에 만들어진 것으로 추정하였다.
→ 뜻 미루어 생각하여 (준비하다 │ 결정하다).

02 밑줄 그은 어휘와 뜻이 비슷한 어휘가 아닌 것을 골라 ✓표를 하시오.

여행을 가기 전에 여행을 하는 데 필요한 물건을 마련해야 한다.

☐ 갖추어야 ☐ 장만해야 ☐ 준비해야 ☐ 부탁해야

03 밑줄 그은 어휘가 어떤 뜻으로 쓰였는지 알맞게 선으로 이으시오.

1 당분간 따뜻한 날씨가 계속될 전망이다. ● ● ㉠ 멀리 내다보이는 경치

2 산 정상에 올라가 아래를 내려다보니 전망이 좋다. ● ● ㉡ 내다보이는 앞날의 상황

04 빈칸에 '나아가다 진(進)' 자가 들어간 어휘를 쓰시오.

강우: 요즘 커서 어떤 직업을 가져야 할지 **1** 진 □ 가 고민이야.
앞으로 나아갈 길

영지: 난 뉴스를 **2** 진 □ 하는 아나운서가 되고 싶어.
일 따위를 처리하여 나가다.

강우: 네가 공부에 **3** □ 진 하는 이유가 있었구나.
어떤 일을 온 마음과 힘을 다하여 해 나가다.

13

어법+표현 다져요

05 〔 〕 안의 말 중에서 표기가 바른 어휘를 골라 ○표를 하시오.

1 김밥을 〔 만드려고 / 만들려고 〕 재료를 샀다.

2 자전거를 〔 고치려고 / 고칠려고 〕 수리점에 갔다.

3 소방관이 건물 안으로 〔 진입하려고 / 진입할려고 〕 한다.

06 보기 를 보고, 밑줄 그은 '마련'이 명사로 쓰였는지, 의존 명사로 쓰였는지 구분하여 괄호 안에서 알맞은 것을 골라 ○표를 하시오.

> 보기
>
> 마련
>
> 명사 · 필요한 것을 준비하거나 헤아려서 갖추다.
> · 무엇을 하려고 속으로 생각하는 계획이나 궁리
> 의존 명사 당연히 그럴 것임을 나타내는 말로, 주로 '-기 / -게 마련이다.'로 쓴다.

1 앞으로 살아갈 <u>마련</u>을 생각하다. (명사 | 의존 명사)

2 물건을 오래 쓰면 닳게 <u>마련</u>이다. (명사 | 의존 명사)

3 환경을 보호할 대책 <u>마련</u>이 필요하다. (명사 | 의존 명사)

4 운동을 안 하면 몸이 약해지기 <u>마련</u>이다. (명사 | 의존 명사)

07 다음 대화에서 민주의 말과 관련 있는 속담으로 알맞은 것은? 〔 ✎ 〕

> 정훈: 우리 엄마는 왜 내가 게으른 성격이라고 말씀하시지?
> 민주: 너 학교도 매일 지각하잖아. 그것만 봐도 성격을 미루어 생각할 수 있지.

① 하나를 보고 열을 안다
② 하나만 알고 둘은 모른다
③ 입이 열 개라도 할 말이 없다
④ 열 번 찍어 안 넘어가는 나무 없다
⑤ 백 번 듣는 것이 한 번 보는 것만 못하다

08~10 다음 글을 읽고, 물음에 답하시오. 사회 사회·문화

　저출산은 태어나는 아이의 수가 점점 줄어드는 현상을, 고령화는 전체 인구에서 노인의 인구 비율이 높아지는 현상을 말한다. 우리나라는 1980년대 중반에 저출산 사회, 2000년대에 고령화 사회에 진입했다. 저출산·고령화 사회가 되면서 우리 사회의 모습도 변화하고 있다. 출산을 도와주는 병원이 점점 사라지고, 초등학생 수가 줄어들어 인구가 적은 지역의 학교가 폐교되기도 한다. 반면 노인을 위한 전문 시설은 많이 생겨나고 있으며, 사회 활동을 하는 노인이 늘어나고 있다.

　통계청은 우리나라에서 태어나는 아이의 수는 점점 줄어들고, 노인 인구는 늘어날 것으로 전망하고 있다. 따라서 저출산과 고령화로 인한 여러 문제가 발생할 것으로 추정된다. 저출산이 이어지면 일할 수 있는 젊은 사람이 줄어들어 경제가 어려워질 수 있다. 고령화가 심화되면 빈곤과 질병 문제를 겪는 노인과 가족과 사회로부터 소외되는 노인이 늘어나는 문제가 발생할 수 있다. 정부는 다양한 대책을 마련하여 이러한 문제를 해결하기 위해 노력하고 있다.

08 이 글의 핵심 내용을 파악하여 빈칸에 들어갈 알맞은 말을 쓰시오.

저출산·고령화에 따른 우리 ☐☐의 변화

09 이 글에서 알 수 있는 사실로 알맞은 것은? [✎　]

① 우리나라는 2000년대에 저출산 사회에 들어섰다.
② 우리나라는 1980년대 중반에 고령화 사회에 들어섰다.
③ 태어나는 아이의 수가 많아지는 현상을 저출산이라 한다.
④ 전체 인구에서 노인의 인구 비율이 낮아지는 현상을 고령화라 한다.
⑤ 앞으로 태어나는 아이의 수는 줄어들고, 노인 인구는 늘어날 것으로 전망된다.

10 이 글에 나온 저출산·고령화 사회의 모습과 관련이 <u>없는</u> 것은?

① 소희: 우리 학교는 1학년 학급이 2개로 줄었어.
② 경주: 뉴스에 아동 학대 문제가 많이 나오고 있어.
③ 진우: 우리 학교에서는 급식 도우미를 할머니, 할아버지 들이 하셔.
④ 다정: 태어나는 아이의 수가 줄면서 아이를 낳을 수 있는 병원도 줄고 있다.
⑤ 서진: 우리 동네는 노인정을 이용하는 어르신이 많아져서 노인정이 하나 더 생겼어.

국어 읽기

정약용의 독서 방법

세세하다

| 자세하다 | 세 細 |
| 자세하다 | 세 細 |

매우 자세하다.

저술

| (글을) 쓰다 | 저 著 |
| (글을) 짓다 | 술 述 |

글이나 책 따위를 쓰다. 또는 그 글이나 책

저는 전통을 중시하여 30년을 한결같이 전통 방식으로 도자기를 만들었습니다.

저는 우리나라 도자기를 세세하게 알려 주는 책을 저술하고 있습니다. 선생님을 인터뷰하고 싶습니다.

중시

| 중요하다 | 중 重 |
| 여기다 | 시 視 |

가볍게 여길 수 없을 만큼 매우 크고 중요하게 여기다.

한결같다

처음부터 끝까지 변함없이 꼭 같다.

어휘를 넓혀요

01 빈칸에 공통으로 들어갈 알맞은 어휘를 쓰시오.

- 현호는 무엇보다 친구들과의 의리를 가장 ☐☐ 한다.

- 건강을 ☐☐ 한다면 규칙적으로 운동하는 습관을 기르는 것이 좋다.

02 다음 표에서 뜻이 비슷한 어휘를 골라 ○표를 하시오.

1

저술하다

┄ 비슷한 뜻 ┄

| 읽다 | 쓰다 | 말하다 |

2

세세하다

┄ 비슷한 뜻 ┄

| 간추리다 | 간단하다 | 자세하다 |

03 밑줄 그은 어휘와 뜻이 비슷한 어휘가 아닌 것을 골라 ✓표를 하시오.

10년 전이나 지금이나 그 둘의 우정은 한결같다.

☐ 똑같다 ☐ 변함없다 ☐ 여전하다 ☐ 남다르다

04 빈칸에 '자세하다 세(細)' 자가 들어간 어휘를 쓰시오.

1 장마철에는 의류를 세☐하게 관리해야 한다.

작은 일에도 꼼꼼하게 주의를 기울여 빈틈이 없다.

2 우리는 목표를 정한 뒤에 세☐ 계획을 세웠다.

자세한 부분

어법+표현 다져요

05 〔 〕안의 말 중에서 띄어쓰기가 바른 것을 골라 ○표를 하시오.

1 갑자기 〔 장대같은 / 장대 같은 〕 소나기가 퍼붓기 시작했다.

2 종이로 만든 꽃이 〔 감쪽같아서 / 감쪽 같아서 〕 진짜와 구별이 안 된다.

3 나는 〔 한결같은 / 한결 같은 〕 마음으로 키우는 식물들을 살뜰히 보살폈다.

06 밑줄 그은 부분과 뜻이 통하는 관용 표현으로 알맞은 것을 골라 ✔표를 하시오.

> 우리 백화점은 친절을 다른 것보다 중요하게 여깁니다.

☐ 앞뒤를 재다   ☐ 앞에 내세우다   ☐ 앞뒤를 가리지 않다

07 밑줄 그은 부분에 들어갈 속담으로 알맞은 것은? 〔 ✎ 〕

> 태경: 민기는 공부도 잘하고 친구들과도 잘 지내는데, 시간 약속은 잘 안 지키더라.
> 주희: 완벽해 보이는 사람도 세세하게 따지고 보면 약간의 부족한 점은 있기 마련인가 봐. "＿＿＿＿＿＿＿＿＿＿＿＿"라는 속담도 있잖아.

① 금이야 옥이야   ② 옥에도 티가 있다
③ 마음이 콩밭에 있다   ④ 뛰는 놈 위에 나는 놈 있다
⑤ 굼벵이도 구르는 재주가 있다

08~10 다음 글을 읽고, 물음에 답하시오. 국어 읽기

정약용은 조선 후기에 정치·경제·군사·의학·지리 등 다양한 분야에 걸쳐 500여 권이 넘는 책을 쓴 학자이다. 정약용이 이렇게 많은 책을 저술할 수 있었던 바탕에는 바로 독서가 있다. 평소 독서를 중시한 정약용은 자신만의 독서 방법을 갖고 있었다.

첫째는 책을 꼼꼼하고 세세하게 읽는 방법이다. 정약용이 아들에게 보낸 편지에 "수천 권의 책을 읽어도 그 뜻을 정확히 모르면 읽지 않은 것과 같다. 읽다가 모르는 문장이 나오면 다른 책을 찾아 반드시 뜻을 알고 넘어가라."라고 말한 내용도 있다. 둘째는 책을 읽다가 생긴 질문이나 깨달은 내용을 기록하는 방법이다. 정약용은 책을 읽으면서 생각나는 것을 바로 기록해 두고, 나중에 이 기록한 부분을 연구하며 학문을 넓혀 갔다. 셋째는 ㉠책을 읽으며 중요한 부분을 베껴 쓰는 방법이다. 정약용은 책에서 중요한 내용을 뽑아 따로 정리해 두었고, 이는 정약용이 책을 저술하는 데 큰 보탬이 되었다. 정약용의 한결같은 독서 방법은 정약용이 뛰어난 학자로 이름을 떨치게 된 바탕이 되었다.

08 이 글의 핵심 내용을 파악하여 빈칸에 들어갈 알맞은 말을 쓰시오.

정약용이 책을 읽을 때 실천한 세 가지 ☐☐ 방법

09 이 글의 내용으로 알맞지 <u>않은</u> 것은? [✎]

① 정약용은 조선 후기에 학자로 활동했다.
② 정약용은 다양한 분야에 걸쳐 500권이 넘는 책을 썼다.
③ 정약용은 평소 독서를 중시하여 자신만의 독서 방법을 갖고 있었다.
④ 정약용은 책을 세세하게 읽는 것보다 많이 읽는 것이 중요하다고 생각했다.
⑤ 정약용은 독서를 하면서 생긴 질문이나 깨달은 내용을 바로 기록해 두었다.

10 ㉠의 독서 방법과 가장 관련 있는 내용을 말한 사람을 쓰시오.

은지: 나는 책을 읽을 때 한 문장을 두 번씩 읽어. 꼼꼼히 읽는 것이 좋아.
혜정: 나는 책을 읽다가 중요한 구절이 나오면 따로 뽑아서 공책에 정리해 둬.
솔아: 나는 책을 읽다가 의심스러운 부분이 있으면 메모해 두었다가 꼭 답을 찾아봐.

[✎]

사회 경제

04 착한 소비를 해요

적정

| 맞다 | 적 適 |
| 바르다 | 정 正 |

정도가 알맞고 바르다.

대가

| 대신하다 | 대 代 |
| 값 | 가 價 |

일을 하고 그에 대한 값으로
받는 돈

어쩐지 꼭
설거지하겠다고 하더라니.

엄마, 설거지했으니
적정한 대가를 지급해 주세요.
안 주시면 노동력 착취예요!

지급

| 값을 주다 | 지 支 |
| 주다 | 급 給 |

돈이나 물건 따위를 정해진
몫만큼 내주다.

착취

| 짜내다 | 착 搾 |
| 가지다 | 취 取 |

정당한 대가를 주지 않고 다
른 사람의 돈이나 노동력을
빼앗아 이용하다.

어휘를 넓혀요

01 빈칸에 공통으로 들어갈 알맞은 어휘를 쓰시오.

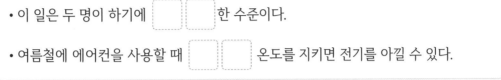

- 이 일은 두 명이 하기에 [　][　]한 수준이다.
- 여름철에 에어컨을 사용할 때 [　][　] 온도를 지키면 전기를 아낄 수 있다.

02 다음 표에서 뜻이 비슷한 어휘를 골라 ○표를 하시오.

1

지급하다

비슷한 뜻

주다 | 사다 | 받다

2

착취하다

비슷한 뜻

빼앗다 | 보태다 | 다스리다

03 밑줄 그은 어휘의 뜻을 보기에서 골라 알맞은 기호를 쓰시오.

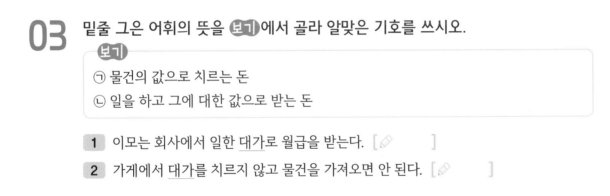

보기

㉠ 물건의 값으로 치르는 돈
㉡ 일을 하고 그에 대한 값으로 받는 돈

1 이모는 회사에서 일한 대가로 월급을 받는다. [✎　　]
2 가게에서 대가를 치르지 않고 물건을 가져오면 안 된다. [✎　　]

04 빈칸에 '주다 급(給)' 자가 들어간 어휘를 쓰시오.

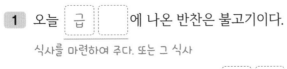

1 오늘 [급][　]에 나온 반찬은 불고기이다.

식사를 마련하여 주다. 또는 그 식사

2 공사 때문에 내일부터 사흘 동안 [급][　]가 끊긴다.

물을 마련하여 주다. 또는 그 물

05 보기와 같이 '-되다'를 넣어 빈칸에 들어갈 알맞은 어휘를 쓰시오.

보기

> 어머니가 용돈을 지급하다. → 어머니에게서 용돈이 지급되다.

1 치약 대신 소금을 사용하다. → 치약 대신 소금이 [   ].

2 과일에 묻은 물기를 제거하다. → 과일에 묻은 물기가 [   ].

06 밑줄 그은 속담을 활용할 수 있는 경우로 알맞지 <u>않은</u> 것은? [✐   ]

> 우리말에서 부피를 재는 단위로 '되'와 '말'이 있다. 한 되는 약 1.8리터이고, 한 말은 한 되의 열 배로 약 18리터이다. "되로 주고 말로 받는다"라는 속담은 되로 주었는데 말로 되갚음을 받는다는 말로, 조금 주고 더 많은 대가를 받는 경우를 이른다.

① 친구에게 돈을 빌려주었더니 친구가 돈을 더 얹어서 갚은 경우
② 동생에게 꿀밤을 쥐어박았다가 부모님께 걸려 크게 혼이 난 경우
③ 생일도 아닌데 갑자기 누나에게 최신 핸드폰을 선물로 받은 경우
④ 무게를 속여 물건을 팔았는데 그 사실이 걸려서 큰 벌금을 문 경우
⑤ 이웃에게 먹을 것을 나누어 주었더니 이웃이 더 많은 음식을 돌려보낸 경우

07 다음 한자 성어의 뜻으로 알맞은 것은? [✐   ]

苛	斂	誅	求
가혹하다 가	거두다 렴	꾸짖다 주	구하다 구

> 과거에는 벼슬아치나 양반들이 백성의 노동력을 착취하며 자신들의 재산을 불리는 경우가 많았다. 이와 같은 상황을 가리키는 말로 '가렴주구'가 있다.

① 고생 끝에 즐거움이 오다.
② 몹시 놀라 얼굴빛이 하얗게 질리다.
③ 집안이 가난하여 먹을 것이 없어 굶주리다.
④ 세금을 가혹하게 거두고 백성의 재물을 억지로 빼앗다.
⑤ 매우 어려운 조건을 무릅쓰고 힘을 다하여 고생스럽게 싸우다.

08~10 다음 글을 읽고, 물음에 답하시오. **사회 경제**

우리가 좋아하는 초콜릿은 카카오 열매를 원료로 만든다. 카카오나무는 대부분 아프리카 열대 지방에서 자라기 때문에 선진국의 기업은 아프리카에서 카카오를 수입한다. 그리고 그 것을 초콜릿으로 만들어 팔아서 많은 이익을 얻는다. 선진국의 기업이 많은 이익을 얻을 수 있는 것은 카카오를 터무니없이 싼값에 사 가기 때문이다. 그러다 보니 카카오 농장은 노동자에게 적은 돈을 지급하게 되고, 노동자는 아무리 오래 일해도 가난에서 벗어나기가 어렵다. 노동자는 노동력을 착취당하면서도 가난 때문에 일을 그만두지도 못한다.

이러한 문제를 해결할 수 있는 방법 중 하나가 공정 무역이다. 공정 무역은 생산자에게 정당한 대가를 주고 물건을 사서 생산자가 지속 가능한 발전을 하도록 돕는 무역이다. 기업이 농장과 거래할 때 적정한 가격을 주고 카카오를 사면 노동자는 보다 나은 환경에서 일하며 제대로 된 대가를 받을 수 있다. 공정 무역 상품을 사면 생산자에게 정당한 이익이 돌아감을 알고, 공정 무역 상품을 이용하자.

08 이 글의 핵심 내용을 파악하여 빈칸에 들어갈 알맞은 말을 쓰시오.

생산자의 정당한 이익을 위한 ☐☐☐☐

09 글쓴이가 문제라고 생각하는 일로 알맞은 것은? [✎]

① 기업이 초콜릿을 너무 많이 만드는 일
② 아프리카에서만 카카오를 수입하는 일
③ 기업이 초콜릿을 터무니없이 싸게 파는 일
④ 카카오 농장의 노동자가 필요 이상의 돈을 받는 일
⑤ 기업이 카카오 농장에서 너무 싼값에 카카오를 수입하는 일

10 이 글을 읽고 난 반응으로 알맞은 것은? [✎]

① 공정 무역을 하면 노동자가 줄어들 수 있어.
② 공정 무역을 하면 생산자는 손해를 볼 거야.
③ 공정 무역을 하면 노동자는 적은 돈을 받을 거야.
④ 공정 무역은 무역 발전을 위해 없어지는 게 좋겠어.
⑤ 앞으로는 공정 무역으로 만든 상품을 사도록 해야겠어.

사회 지리

허리케인 대 토네이도

빈번하다

| 자주 | 빈 頻 |
| 많다 | 번 繁 |

어떤 일이나 현상이 일어나는 횟수가 매우 많다.

재난

| 불행한 일 | 재 災 |
| 불행한 일 | 난 難 |

뜻밖에 일어난 불행한 사고나 고난

안 그래도 빈번하게 막히는 길인데, 재난으로 교통이 마비되겠구나.

바람의 위력이 대단하네요.

마비

| 느려지다 | 마 痲 |
| 둔해지다 | 비 痺 |

본래의 기능이 느려지거나 멈추다.

위력

| 힘 | 위 威 |
| 힘 | 력 力 |

무서울 만큼 크고 강한 힘

01 밑줄 그은 어휘의 뜻에 맞는 말을 괄호 안에서 골라 ○표를 하시오.

1 화산이 폭발하자 그 <u>위력</u>으로 한 마을이 사라졌다.

→ 뜻 무서울 만큼 (크고 강한 ┃ 작고 약한) 힘

2 최근 아파트에서 층간 소음 문제가 <u>빈번</u>하게 일어나고 있다.

→ 뜻 어떤 일이나 현상이 일어나는 횟수가 매우 (적다 ┃ 많다).

02 밑줄 그은 어휘가 어떤 뜻으로 쓰였는지 알맞게 선으로 이으시오.

1 우리 형은 교통사고를 당해서 잠시 다리가 <u>마비</u>되었다. •

• ㉠ 본래의 기능이 느려지거나 멈추다.

2 홈 쇼핑 방송이 시작되자마자 전화가 <u>마비</u>될 정도로 주문이 몰렸다. •

• ㉡ 근육의 감각이 없어지고 힘을 제대로 쓰지 못하게 되다.

03 밑줄 그은 어휘와 뜻이 비슷한 어휘가 <u>아닌</u> 것을 골라 ✓표를 하시오.

우리는 갑작스러운 홍수로 <u>재난</u>을 당한 주민들을 도와주기로 했다.

☐ 재앙 ☐ 사고 ☐ 난리 ☐ 추궁

04 뜻과 예문을 보고, 빈칸에 들어갈 알맞은 글자를 쓰시오.

1 빈 (자주 頻) + ☐ { 뜻 같은 현상이나 일이 되풀이되는 정도나 횟수
예문 외래어 사용이 늘어나면서 순우리말을 사용하는 _____ 가 줄고 있다.

2 번 (많다 繁) + ☐ { 뜻 생물의 수나 양이 많아지고 늘어서 많이 퍼지다.
예문 습기가 많은 곳에서는 세균이 _____ 하기 쉽다.

어법+표현 다져요

05 밑줄 그은 어휘의 뜻으로 알맞지 <u>않은</u> 것은? [🖊]

① 동생의 기침 소리가 <u>잦다</u>. → 뜻 되풀이되는 간격이 매우 짧다.

② 아기가 밤부터 아침까지 <u>줄곧</u> 울었다. → 뜻 끊임없이 계속해서

③ 시골 기차역에는 기차가 <u>드물게</u> 다닌다. → 뜻 어떤 일이 흔하게 일어나다.

④ 아빠는 문단속을 잘하라고 <u>거듭하여</u> 말씀하셨다. → 뜻 어떤 일을 자꾸 되풀이하다.

⑤ 그 시장에서 화재가 <u>빈번하게</u> 일어났다. → 뜻 어떤 일이 일어나는 횟수가 매우 많다.

06 다음 대화에서 수지가 한 말과 관련 있는 속담으로 알맞은 것은? [🖊]

> 준재: 매일 조금씩 간식을 사 먹었을 뿐인데, 왜 벌써 한 달 용돈이 사라졌지?
> 수지: 아무리 작은 돈이라도 빈번하게 쓰다 보면 무시 못할 정도로 커지는 법이지.

① 배보다 배꼽이 더 크다

② 비 온 뒤에 땅이 굳어진다

③ 굴러온 돌이 박힌 돌 뺀다

④ 가랑비에 옷 젖는 줄 모른다

⑤ 하늘이 무너져도 솟아날 구멍이 있다

07 다음 한자 성어를 활용한 문장으로 알맞지 <u>않은</u> 것은? [🖊]

靑	天	霹	靂
푸르다 청	하늘 천	벼락 벽	벼락 력

'청천벽력'은 맑게 갠 하늘에서 치는 날벼락이라는 뜻으로, 뜻밖에 일어난 큰 사건이나 재난을 가리킨다.

① <u>청천벽력</u> 같게도 시험 범위를 잘못 알고 있었다.

② 누나가 갑자기 쓰러졌다는 <u>청천벽력</u> 같은 소식을 들었다.

③ 친구는 잘못을 하고도 큰소리를 치며 <u>청천벽력</u>으로 굴었다.

④ 장염에 걸려서 당분간 피자를 먹으면 안 된다니 <u>청천벽력</u>이다.

⑤ 주말에 가려고 한 공원이 공사로 문을 닫는다니 <u>청천벽력</u>이다.

다음 글을 읽고, 물음에 답하시오. 　　　사회 지리

　　허리케인과 토네이도는 모두 자연이 사람에게 주는 막을 수 없는 재난이다. 사람들은 흔히 허리케인과 토네이도가 비슷하다고 생각하지만, 둘은 전혀 다른 현상이다. 허리케인은 우리 나라에서도 발생하는 태풍과 같은 열대성 저기압이다. 열대성 저기압은 발생하는 지역에 따라 태풍, 허리케인, 사이클론 등으로 다르게 불린다. 허리케인은 대서양과 카리브해, 멕시코 연안에서 한 해에 10개 정도 발생하는데, 발생부터 소멸까지 보통 7일에서 10일 정도 걸린다. 허리케인의 위력은 대단해서, 강한 폭풍우가 휘몰아쳐 도로가 끊어지는 등 교통이 마비되고 집이 부서지기도 한다.

　　토네이도는 주로 미국 내륙에서 발생하는 회오리바람을 말한다. 미국에서는 해마다 800여 개의 토네이도가 빈번하게 발생하는데, 크기는 다양하지만 일반적으로 깔때기 모양으로 나타난다. 토네이도는 갑작스럽게 나타났다가 순식간에 사라지고 이동 거리도 길지 않다. 그러나 이동 속도가 매우 빠르고, 모든 물체를 강하게 빨아들이기 때문에 사람에게 큰 피해를 준다.

08 이 글의 핵심 내용을 파악하여 빈칸에 들어갈 알맞은 말을 쓰시오.

허리케인과 □□□□의 특징

09 이 글에 대한 설명으로 알맞은 것은?

① 허리케인과 토네이도를 비교해서 설명하고 있다.
② 허리케인과 토네이도와 관련한 자신의 경험을 말하고 있다.
③ 허리케인과 토네이도를 소재로 재미있는 이야기를 꾸며 썼다.
④ 허리케인과 토네이도가 생기는 까닭을 자세히 설명하고 있다.
⑤ 허리케인과 토네이도로 인한 피해를 예방하는 방법을 알려 주고 있다.

10 다음 대상에 해당하는 내용을 보기에서 골라 각각 알맞은 기호를 쓰시오.

보기
㉠ 주로 미국 내륙에서 발생한다.
㉡ 우리나라에서는 태풍이라 불리는 열대성 저기압이다.
㉢ 주로 대서양과 카리브해, 멕시코 연안에서 발생한다.
㉣ 갑작스럽게 나타났다가 순식간에 사라지고 이동 거리도 길지 않다.

1 허리케인: [　　　　　,　　　　]　　　**2** 토네이도: [　　　　　,　　　　]

국어 쓰기

06 여행을 다녀와서 써요

감상

느끼다	감 感
생각하다	상 想

마음속에 일어나는 느낌이나 생각

일정

날	일 日
넘을 수 없는 정도	정 程

정해진 기간 동안 해야 할 일 또는 그 일을 하기 위해 날짜별로 짜 놓은 계획

요즘 책을 읽고 서로 감상을 말하는 모임에 나가고 있어. 이번 달은 스무 권의 책을 읽을 수 있도록 일정을 짰어.

책을 많이 읽기로 각오했구나? 견문이 넓어지겠다.

각오

깨닫다	각 覺
깨닫다	오 悟

앞으로 해야 할 일이나 겪을 일에 대한 마음의 준비를 하다.

견문

보다	견 見
듣다	문 聞

보고 들은 경험이나 이를 통해 얻은 지식

01 빈칸에 들어갈 알맞은 어휘를 쓰시오.

1 민지는 이번 시험에 꼭 합격하겠다고 ☐☐ 를 다졌다.

2 누나는 방학 동안 세계를 돌아다니면서 ☐☐ 을 넓혔다.

02 밑줄 그은 어휘의 뜻을 **보기** 에서 골라 알맞은 기호를 쓰시오.

보기

㉠ 어떤 것의 크기, 모양, 범위, 시간 따위가 하나로 정해져 있다.
㉡ 정해진 기간 동안 해야 할 일 또는 그 일을 하기 위해 날짜별로 짜 놓은 계획

1 일정 시간이 지나면 컴퓨터가 자동으로 꺼진다. [✎   ]
2 우리 가족은 3박 4일 일정으로 여행하기로 했다. [✎   ]

03 밑줄 그은 어휘와 뜻이 비슷한 어휘를 괄호 안에서 골라 ◯표를 하시오.

1 우리는 책을 읽고 난 뒤의 감상을 글로 적었다.
↳ (느낌 | 근거 | 책임)

2 나는 결승전을 앞두고 반드시 경기에서 이기겠다는 각오를 밝혔다.
↳ (결과 | 다짐 | 소망)

04 빈칸에 '보다 견(見)' 자가 들어간 어휘를 쓰시오.

지수: 오랫동안 땅속에 묻혀 있던 유물이 **1** ☐ 견 되었대.

미처 찾아내지 못했거나 아직 알려지지 않은 사물이나 현상, 사실 따위를 찾아내다.

현호: 내일 박물관에 **2** 견 ☐ 을 가면 볼 수 있을까?

실제로 보고 그 일에 관한 구체적인 지식을 넓히다.

05 괄호 안에서 띄어쓰기가 바른 것을 골라 ○표를 하시오.

1 (그동안 | 그 동안) 어떻게 지냈니?

2 (며칠동안 | 며칠 동안) 계속 내린 비 때문에 강물이 많이 불었다.

3 나는 (오랫동안 | 오랫 동안) 만나지 못했던 친구를 우연히 만났다.

4 아버지께서는 (한참동안 | 한참 동안) 단풍으로 뒤덮인 산을 바라보셨다.

06 밑줄 그은 관용 표현의 뜻으로 알맞지 <u>않은</u> 것을 골라 그 기호를 쓰시오.

㉠ 내가 만든 음식이 <u>마음에 찼다.</u>

  → 뜻 마음에 부족하게 느껴지다.

㉡ 우리는 <u>마음이 통하는</u> 친구이다.

  → 뜻 서로 생각이 같아 이해가 잘되다.

㉢ 친구가 먼저 사과해서 <u>마음이 풀렸다.</u>

  → 뜻 마음속에 맺히거나 틀어졌던 것이 없어지다.

㉣ 동생은 올해부터 일찍 일어나겠다고 <u>마음을 먹었다.</u>

  → 뜻 무엇을 하려고 마음속으로 결심하다.

[✎　　　]

07 다음 한자 성어를 활용한 문장으로 알맞은 것은?　　　[✎　　　]

坐	井	觀	天
앉다 좌	우물 정	보다 관	하늘 천

'좌정관천'은 우물 속에 앉아서 하늘을 본다는 뜻으로, 사람의 견문이 매우 좁아 세상 일의 형편을 잘 알지 못함을 이르는 말이다.

① <u>좌정관천</u>이라고 제자가 스승보다 나을 때가 있다.

② 오빠는 <u>좌정관천</u>의 자세로 낮에는 일하고 밤에는 공부한다.

③ 한라산 정상에 올라 제주도의 경치를 바라보니 <u>좌정관천</u>이다.

④ 고작 우리 반 1등인 네가 전국 1등처럼 우쭐거리는 모습이 <u>좌정관천</u>이다.

⑤ 그는 오랜 무명 시절을 보내고 마흔이 넘어 스타가 된 <u>좌정관천</u> 유형이다.

08~10 다음 글을 읽고, 물음에 답하시오.

여행하며 보고, 듣고, 느끼고, 겪은 것을 적은 글을 기행문이라고 한다. 기행문을 쓰면 여행지에서의 기억을 오래 간직할 수 있고, 자신의 여행 경험을 다른 사람과 나눌 수 있다. 기행문은 생활문, 일기, 편지글, 시 등 다양한 형식으로 쓸 수 있지만 여정, 견문, 감상이 골고루 드러나게 써야 한다. '여정'은 여행한 과정이나 일정, '견문'은 여행하며 보거나 들은 내용, '감상'은 여행하면서 든 생각이나 느낌을 말한다.

기행문을 생각나는 대로 쓰면 중요한 내용이 빠질 수 있기 때문에 '처음-가운데-끝'으로 나누어 여행했던 경험을 정리하여 쓰는 것이 좋다. 처음 부분에는 여행을 떠나게 된 계기와 떠나기 전의 기대 등을 적는다. 가운데 부분에는 여행지에서 다닌 곳, 보고 들은 것, 생각하거나 느낀 것 등의 주요 내용을 적는다. 끝부분에는 여행을 마친 뒤의 다짐, 앞으로의 계획이나 각오 등을 적는다.

08 이 글의 핵심 내용을 파악하여 빈칸에 들어갈 알맞은 말을 쓰시오.

{ ☐ ☐ ☐ 을 쓰는 방법 }

09 이 글의 내용으로 알맞지 <u>않은</u> 것은? [✎]

① 기행문은 한 가지 글 형식으로만 써야 한다.
② 기행문을 쓰면 여행 경험을 다른 사람과 나눌 수 있다.
③ 기행문의 끝부분에는 앞으로의 계획이나 각오를 쓴다.
④ 기행문의 처음 부분에는 여행을 떠나게 된 계기를 쓴다.
⑤ 기행문의 가운데 부분에는 여행지에서의 주요한 일을 쓴다.

10 다음 내용은 기행문의 요소 중 무엇에 해당하는지 각각 알맞은 기호를 쓰시오.

┌───┐
│ ㉠ 문무 대왕릉은 세계 어느 곳에서도 볼 수 없는 바닷속 무덤이라고 한다.
│ ㉡ 경주에서의 이튿날, 우리는 문무 대왕릉이 있는 봉길리 앞바다로 향했다.
│ ㉢ 죽어서도 신라의 백성을 지키려고 했던 문무왕의 마음에 큰 감동이 밀려왔다.
└───┘

1 여정: [✎]　　**2** 견문: [✎]　　**3** 감상: [✎]

인공 지능과 함께하는 미래

구비

갖추다	구	具
갖추다	비	備

있어야 할 것을 빠짐없이 다 갖추다.

대량

많다	대	大
양	량	量

아주 많은 분량이나 수량

요즘 실업자도 많은데 이렇게 일하게 되어 좋습니다.

우리 공장은 많은 기계를 구비하고 있어서 대량 생산이 가능합니다.

한 달쯤 지나면 일이 손에 익어서 수월해질 거예요.

실업자

잃다	실	失
일	업	業
사람	자	者

직업이 없거나 일자리를 잃은 사람

수월하다

까다롭거나 힘들지 않아 하기가 쉽다.

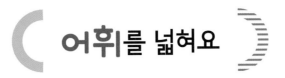

정답과 해설 12쪽

01 빈칸에 공통으로 들어갈 알맞은 어휘를 쓰시오.

- 친구들과 서로 도우니 청소하기가 훨씬 ☐☐하다.
- 우리 학교 도서실은 정리가 잘 되어 있어서 책을 찾기가 ☐☐하다.

02 밑줄 그은 부분과 바꾸어 쓸 수 있는 어휘를 빈칸에 쓰시오.

1 경제가 어려워지자 <u>일자리를 잃은 사람</u>이 많아졌다.
↳ ☐☐☐가

2 백화점에는 수많은 물건이 <u>빠짐없이 다 갖추어져</u> 있다.
↳ ☐☐되어

03 다음 표에서 뜻이 비슷하거나 반대되는 어휘를 골라 ○표를 하시오.

1

수월하다

 비슷한 뜻

쉽다 | 어렵다 | 힘들다

2

대량

 반대의 뜻

정량 | 소량 | 다량

04 빈칸에 '일 업(業)' 자가 들어간 어휘를 쓰시오.

1 우리 담임 선생님은 ☐☐업을 재미있게 하신다.

교사가 학생에게 지식이나 기술을 가르쳐 주다.

2 세종 대왕께서 남긴 위대한 업☐은 역사에 길이 남을 것이다.

어떤 일이나 연구에서 노력과 수고를 들여 이루어 낸 결과

어법+표현 다져요

05 보기를 참고했을 때, '잃다'와 '잊다'를 잘못 사용한 문장은? [✎   ]

> **보기**
>
> **잃다** : 가지고 있던 물건, 재물 등이 없어지다.
>
> **잊다** : 어떤 사실이나 내용 등을 기억하지 못하다.

① 동생은 게임을 하느라 숙제하는 것도 잊었다.
② 잇따른 폭우로 인해 우리는 살던 집을 잃었다.
③ 나는 오늘이 친구 생일이라는 것을 깜빡 잊었다.
④ 현관문 비밀번호를 잃어버려서 집에 들어가지 못했다.
⑤ 누나는 잃어버린 반지를 찾느라고 고개를 두리번거렸다.

06 밑줄 그은 부분에 들어갈 관용 표현으로 알맞은 것은? [✎   ]

> 우리 어머니께서는 음식을 하실 때마다 대량으로 만들어서 주변 이웃들에게 나누어 주신다. 그래서 이웃들은 우리 어머니에게 '＿＿＿＿＿＿＿＿'고 말하곤 한다.

① 코가 높다　　　② 발이 길다　　　③ 손이 크다
④ 입이 짧다　　　⑤ 눈이 어둡다

07 다음 대화에서 아빠가 활용할 수 있는 한자 성어를 골라 ✓표를 하시오.

> 영지: 아빠, 보름달을 보고 무슨 소원을 비셨어요?
> 아빠: 우리 가족이 하는 모든 일이 수월하게 이루어지기를 바란다고 빌었단다.

☐ 동고동락(同苦同樂)
괴로움도 즐거움도 함께 하다.

☐ 만사형통(萬事亨通)
모든 것이 뜻대로 잘되다.

☐ 유유자적(悠悠自適)
아무 것에도 얽매이지 않고 조용하고 편안하게 살다.

다음 글을 읽고, 물음에 답하시오.　　　사회 **사회·문화**

　　인공 지능은 사람의 말하는 능력, 생각하는 능력, 학습하는 능력 등을 구비한 컴퓨터 시스템을 말한다. 지금의 인공 지능은 정해진 상황 안에서 저장된 정보를 바탕으로 사람의 명령을 따르는 정도이지만, 앞으로는 컴퓨터가 사람처럼 스스로 생각하고 행동할 수 있는 수준에 이를 것으로 예상된다.

　　인공 지능이 발달하면 사람이 하기 위험한 일을 인공 지능 로봇이 대신할 수 있다. 인공 지능 로봇을 활용하면 높은 빌딩을 짓거나 사람을 구조하는 일같이 위험한 일을 수월하게 할 수 있고, 사고나 피해를 줄일 수 있다. 그리고 인공 지능이 발달하면 우리의 삶이 더욱 편리해질 것이다. 일상 속에서 인공 지능을 사용할 뿐 아니라 농업에서도 인공 지능을 이용하여 식량을 대량으로 생산할 수 있다. 또한, 인공 지능의 발달은 새로운 일자리를 만드는 데 도움이 될 것이다. 많은 사람이 인공 지능의 발달로 실업자가 많아질 것이라며 걱정한다. 그러나 인공 지능을 개발하고 관리해야 하기 때문에 인공 지능 관련 일자리가 늘어날 것이다.

08 이 글의 핵심 내용을 파악하여 빈칸에 들어갈 알맞은 말을 쓰시오.

{ ☐☐☐☐ 기술이 우리에게 미치는 좋은 영향 }

09 이 글에서 알 수 <u>없는</u> 내용은?　　　[✐　]

① 인공 지능의 뜻
② 인공 지능을 개발할 때 주의할 점
③ 지금의 인공 지능이 할 수 있는 일의 수준
④ 위험한 일을 인공 지능 로봇이 하면 좋은 점
⑤ 농업에서 인공 지능을 이용하면 얻을 수 있는 효과

10 이 글을 읽고 알맞은 반응을 보인 사람을 쓰시오.

진솔: 인공 지능이 발달하면 사람은 아무 일도 안 해도 될 거야.
유미: 앞으로는 인공 지능 개발자나 관리자와 같은 직업이 늘어나겠는 걸.
지우: 인공 지능이 발달해도 일상생활에서 그 기술을 사용하기는 어려울 거야.

[✐　]

수학 도형

08 삼각형을 활용한 건축

자재

| 바탕 | 자 資 |
| 재료 | 재 材 |

무엇을 만들기 위한 기본적인 재료

선보이다

새로운 것을 처음으로 내놓아 보여 주다.

○○ 기업에서 폐기물을 자재로 하여 만든 다리를 오늘 처음 선보였어.

3000톤까지 지지할 수 있는 견고한 다리라고 해.

지지

| 버티다 | 지 支 |
| 버티다 | 지 持 |

무거운 물건을 받치거나 버티다.

견고하다

| 굳다 | 견 堅 |
| 단단하다 | 고 固 |

단단하고 튼튼하다.

01 빈칸에 공통으로 들어갈 알맞은 어휘를 쓰시오.

- 주방장이 가을 신메뉴를 처음으로 ☐☐☐☐.
- 학생 발명 대회에 나가 발명품을 심사 위원에게 ☐☐☐☐.

02 다음 표에서 뜻이 비슷하거나 반대되는 어휘를 골라 ◯표를 하시오.

무겁다 | 거칠다 | 튼튼하다 --- 견고하다 --- 질기다 | 약하다 | 단단하다

비슷한 뜻   반대의 뜻

03 밑줄 그은 어휘가 어떤 뜻으로 쓰였는지 알맞게 선으로 이으시오.

1 낡은 목조 건물을 네 개의 기둥이 <u>지지</u>하고 있다.

㉠ 무거운 물건을 받치거나 버티다.

2 대통령은 자신을 <u>지지</u>해 준 국민들에게 고마움을 표했다.

㉡ 남의 생각이나 의견에 찬성하여 편을 들거나 도와주다.

04 밑줄 그은 어휘와 뜻이 비슷한 어휘를 괄호 안에서 골라 ✓표를 하시오.

이 의자는 좋은 <u>자재</u>로 만들어서 10년을 써도 끄떡없다.

☐ 자료   ☐ 재료   ☐ 연료   ☐ 음료

05 '자재(資材)'가 들어간 어휘의 뜻으로 알맞지 <u>않은</u> 것은?　　　　　[✎ 　　]

① 원(근원 原) ➡ 원자재(原資材): 건축에 쓰는 여러 가지 재료

② 주(주요하다 主) ➡ 주자재(主資材): 제품의 직접적인 재료가 되는 자재

③ 식(음식 食) ➡ 식자재(食資材): 음식을 만드는 재료를 통틀어 이르는 말

④ 기(틀 機) ➡ 기자재(機資材): 기계, 기구, 자재 따위를 통틀어 이르는 말

⑤ 부(둘째 副) ➡ 부자재(副資材): 물품을 생산하는 데 보조적으로 쓰이는 자재

06 보기 를 보고, 빈칸에 들어갈 알맞은 어휘를 쓰시오.

보기

보이다 ＋ (-어) 주다 ➡ 보여 주다

1 읽다 ＋ (-어) 주다 ➡ 아빠가 책을 [　　　　　].

2 부치다 ＋ (-어) 주다 ➡ 편지를 대신 [　　　　　].

3 먹이다 ＋ (-어) 주다 ➡ 동생에게 밥을 [　　　　　].

07 밑줄 그은 한자 성어의 뜻으로 알맞은 것은?　　　　　[✎ 　　]

> 지훈: 수진이가 친구들을 괴롭히는 영훈이를 아주 혼쭐내 줬다며? 수진이 첫인상은 굉장히 순해 보였는데, 의외인 걸?
> 유미: 맞아. 수진이가 보기보다 '<u>외유내강(外柔內剛)</u>'인 것 같아.

① 부드러운 것이 굳센 것에 지다.

② 겉으로나 속으로나 단단하고 굳세다.

③ 겉으로나 속으로나 무르고 부드럽다.

④ 겉으로는 부드러워 보이나 속은 단단하고 굳세다.

⑤ 겉으로는 단단하고 굳세 보이나 속은 무르고 부드럽다.

08~10 다음 글을 읽고, 물음에 답하시오. 수학 도형

삼각형은 힘이나 압력을 받아도 모양이 변하지 않는 안정적인 도형이다. 삼각형을 활용하여 만든 구조는 아주 견고해서, 튼튼해야 하는 다리나 탑 등에서 쉽게 찾아볼 수 있다.

삼각형을 활용한 건축물 중에는 지오데식 돔(Geodesic Dome)이 있다. 돔은 건물의 천장을 공처럼 둥글게 만든 것을 말한다. 지오데식 돔 역시 멀리서 보면 공을 반으로 자른 것처럼 둥근 모양이지만, 자세히 보면 표면이 작은 삼각형으로 이루어져 있다. 이렇게 삼각형을 활용하여 만든 지오데식 돔은 큰 힘이 가해지더라도 쉽게 변형되지 않기 때문에 지진에도 위험이 적은 안정된 구조물이다. 또한 돔 모양은 힘을 고루 분산시키기 때문에 지지하는 기둥을 세우지 않아도 무게를 잘 견딜 수 있고, 일반적인 건축물을 지을 때보다 자재가 더 적게 드는 장점이 있다. 지오데식 돔은 미국의 건축가 리처드 풀러가 1967년 몬트리올 세계 박람회에서 처음 선보였는데, 그 장점을 인정받아 체육관, 전시회장, 경기장 등 다양한 건축물을 만드는 데 활용되고 있다.

08 이 글의 핵심 내용을 파악하여 빈칸에 들어갈 알맞은 말을 쓰시오.

{ ☐☐☐을 활용한 건축물인 지오데식 돔 }

09 지오데식 돔에 대한 설명으로 알맞지 <u>않은</u> 것은? [✎   ]

① 지진에도 위험이 적은 안정된 구조물이다.
② 일반적인 건축물을 지을 때보다 재료가 적게 든다.
③ 지지하는 기둥을 많이 세우기 때문에 매우 튼튼하다.
④ 리처드 풀러가 1967년 몬트리올 세계 박람회에서 처음 선보였다.
⑤ 체육관, 전시회장, 경기장 등 다양한 건축물을 만드는 데 활용되고 있다.

10 지오데식 돔을 나타내는 그림으로 알맞은 것의 기호를 쓰시오.

㉠ 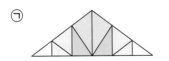   ㉡    ㉢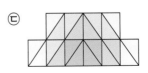

[✎   ]

09

문법

자랑스러운 한글

독창적

오직	독	獨
만들다	창	創
~하는 것	적	的

예전에 없던 것을 처음으로 만들어 내거나 생각해 내는 것

자부심

스스로	자	自
힘입다	부	負
마음	심	心

자신의 가치나 능력을 믿고 당당히 여기는 마음

고려만의 독창적인 기술이 담긴 청자를 보니 우리 문화에 자부심이 생기네.

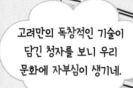

이 전시품은 다음 달부터 전시할 거예요. 정성을 기울여서 준비했는데, 아직 외부에는 비밀로 부쳐 주세요.

기울이다

정성이나 노력을 한곳으로 모으다.

부치다

어떤 문제나 일을 어떤 상태에 있게 하다.

정답과 해설 14쪽

01 밑줄 그은 어휘의 뜻에 맞는 말을 괄호 안에서 골라 ○표를 하시오.

1 그 장인은 세계 제일의 구두를 만든다는 <u>자부심</u>이 대단하다.

→ 뜻 (자신 │ 다른 사람)의 가치나 능력을 믿고 당당히 여기는 마음

2 글쓰기 시험에서 좋은 점수를 받으려면 <u>독창적</u>인 답안을 작성해야 한다.

→ 뜻 예전에 (있던 │ 없던) 것을 처음으로 만들어 내거나 생각해 내는 것

02 밑줄 그은 어휘가 어떤 뜻으로 쓰였는지 알맞게 선으로 이으시오.

1 이 그림은 혜정이가 심혈을 <u>기울여</u> 그린 작품이다. •

• ㉠ 비스듬하게 한쪽을 낮추거나 비뚤게 하다.

2 민지는 상체를 앞쪽으로 <u>기울여</u> 물고기를 구경했다. •

• ㉡ 정성이나 노력을 한곳으로 모으다.

03 밑줄 그은 어휘와 뜻이 비슷한 어휘를 골라 ○표를 하시오.

준우는 독립운동가의 후손이라는 것에 <u>자부심</u>을 느낀다.

| 의지 | 긍지 | 희망 | 욕심 |

04 밑줄 그은 어휘의 뜻을 보기에서 골라 알맞은 기호를 쓰시오.

보기

㉠ 모자라거나 미치지 못하다.
㉡ 어떤 문제나 일을 어떤 상태에 있게 하다.
㉢ 편지나 물건 따위를 일정한 수단이나 방법을 써서 상대에게로 보내다.

1 오랫동안 걸었더니 힘이 <u>부친다</u>. [✎　　　]

2 내일 전학 간 친구에게 편지를 <u>부치려고</u> 한다. [✎　　　]

3 우리 여행 계획은 일단 다른 사람들에게 비밀에 <u>부치자</u>. [✎　　　]

05 보기를 보고, 문장에 알맞은 어휘를 괄호 안에서 골라 ○표를 하시오.

> **보기**
>
> '부치다'와 '붙이다'는 [부치다]로 소리 난다는 것이 같을 뿐 쓰임은 전혀 다르다.
> '부치다'는 '편지나 물건을 일정한 수단이나 방법을 써서 상대에게로 보내다.', '어떤 문제나 일을 어떤 상태에 있게 하다.' 등을 뜻할 때 사용한다.
> '붙이다'는 '맞닿아 떨어지지 않게 하다.', '불을 일으켜 타게 하다.' 등을 뜻할 때 사용한다.

1 삼촌이 초에 불을 (부쳤다 | 붙였다).

2 회사는 신기술을 비밀에 (부쳤다 | 붙였다).

3 누나가 냉장고에 메모지를 (부쳤다 | 붙였다).

4 할머니께서 시골에서 쌀을 (부치셨다 | 붙이셨다).

06 밑줄 그은 부분과 바꾸어 쓸 수 있는 관용 표현으로 알맞은 것은? [✎]

> 김정호는 오랜 시간 <u>노력과 정성을 기울여</u> 연구한 끝에 대동여지도를 완성했다.

① 발을 뻗다
② 눈을 돌리다
③ 어깨를 펴다
④ 머리를 싸매다
⑤ 한 귀로 흘리다

07 다음 한자 성어를 활용한 문장으로 알맞지 <u>않은</u> 것은? [✎]

> • 정정당당(正正堂堂): 태도나 수단이 올바르고 떳떳하다.
> • 위풍당당(威風堂堂): 겉모습이나 기운이 위엄 있고 당당하다.

① 군인들이 <u>위풍당당</u>하게 행진했다.
② 우리는 <u>정정당당</u>하게 경쟁하기로 했다.
③ 할 말이 있으면 <u>정정당당</u>하게 내 앞에서 말해라.
④ 이순신 장군이 <u>위풍당당</u>한 모습으로 거북선에 올랐다.
⑤ 아래에서 올려다본 나무의 모습이 <u>정정당당</u>해 보였다.

08~10 다음 글을 읽고, 물음에 답하시오.   국어 문법

   조선 시대에 우리 문자가 없어서 중국 문자인 한자를 사용했을 때, 백성들은 글을 읽고 쓰는 데 많은 어려움을 겪었다. 이러한 현실을 안타깝게 여긴 세종은 우리 문자를 만들기로 결심했다. 세종은 집현전 학자들과 함께 밤낮없이 정성을 기울여 '훈민정음'을 완성했다. 당시 한자를 최고라고 생각하는 신하들이 반대할 것을 예상하여 세종이 비밀에 부쳐 훈민정음을 만들었다는 이야기도 전해진다. 이 훈민정음이 지금까지 우리가 사용하고 있는 한글이다.

   한글은 매우 독창적인 원리로 만든 글자이다. 한글 모음자는 '하늘, 땅, 사람'의 모습을 본뜬 'ㆍ', 'ㅡ', 'ㅣ'를 결합해 만들었고, 자음자는 사람이 말소리를 내는 발음 기관의 모양을 본떠 만들었다. 한글은 사람이 내는 대부분의 소리를 24개의 자음자와 모음자로 표현할 수 있다. 또한 누구나 쉽고 빠르게 배울 수 있어서 오늘날 세계의 언어학자들은 한글의 우수성을 높이 평가하고 있다. 우리는 한글에 대한 자부심을 가지고 한글을 아끼고 사랑해야 할 것이다.

08 이 글의 핵심 내용을 파악하여 빈칸에 들어갈 알맞은 말을 쓰시오.

{ ⬜⬜이 만들어진 배경과 그 우수성 }

09 이 글의 내용으로 알맞지 <u>않은</u> 것은?   [✎   ]

① 한글은 누구나 쉽고 빠르게 배울 수 있다.
② 한글은 다른 문자를 변형해서 만든 글자이다.
③ 세계의 언어학자들은 한글의 우수성을 인정하고 있다.
④ 한글의 자음자는 발음 기관의 모양을 본떠서 만들었다.
⑤ 한글의 모음자는 '하늘, 땅, 사람'의 모습을 본떠서 만들었다.

10 훈민정음에 담긴 세종의 마음으로 알맞은 것은?   [✎   ]

① 중국을 따르는 마음   ② 신하를 두려워하는 마음
③ 영토를 확장하려는 마음   ④ 신분 제도를 없애려는 마음
⑤ 백성을 아끼고 사랑하는 마음

과학 우주

10 길을 안내해 주는 별

길잡이

길을 안내해 주는 사람이나 사물

형상

| 모양 | 형 形 |
| 모양 | 상 象 |

사물의 생긴 모양이나 상태

아버지가 길잡이가 되어 주셔서 곰 형상의 바위를 찾을 수 있었어요.

우리 선박은 항해할 수 있는 거리를 연장했어.

항해

| 배 | 항 航 |
| 바다 | 해 海 |

배를 타고 바다 위를 다니다.

연장

| 늘다 | 연 延 |
| 길다 | 장 長 |

시간이나 거리를 본래보다 길게 늘리다.

어휘를 넓혀요

정답과 해설 15쪽

01 빈칸에 공통으로 들어갈 알맞은 어휘를 쓰시오.

- 오랜 ☐☐ 끝에 마침내 배가 육지에 도착했다.

- 선장의 지시에 따라 큰 배가 바다로 ☐☐를 떠났다.

02 다음 표에서 뜻이 비슷한 어휘를 골라 ◯표를 하시오.

1 길잡이	2 형상
비슷한 뜻	비슷한 뜻
운전자 | 교육자 | 안내자	마음 | 형편 | 모양

03 밑줄 그은 어휘의 뜻을 보기에서 골라 알맞은 기호를 쓰시오.

보기

㉠ 어떠한 일을 하는 데에 사용하는 도구

㉡ 시간이나 거리 따위를 본래보다 길게 늘리다.

1 방학 기간이 삼 일 연장되었다. [✎   ]
2 농부가 호미, 낫 등의 연장을 챙겼다. [✎   ]

04 빈칸에 '바다 해(海)' 자가 들어간 어휘를 쓰시오.

1 이 물고기는 해☐☐에서 생활한다.
   바다의 밑바닥

2 이모가 멀리 해☐☐로 일하러 간지 반년이 넘었다.
   다른 나라를 이르는 말

어법+표현 다져요

05 보기를 보고, 문장에 알맞은 어휘를 괄호 안에서 골라 ○표를 하시오.

보기

> **늘리다** : 물체의 넓이, 부피, 수, 시간 등을 본래보다 커지거나 많아지게 하다.
> 예 사람 수를 늘리다.
>
> **늘이다** : 길이 등을 본래보다 더 길어지게 하다. 예 고무줄을 늘이다.

1 가방 끈을 (늘리다 | 늘이다).

2 쉬는 시간을 (늘리다 | 늘이다).

3 운동장 넓이를 (늘리다 | 늘이다).

06 밑줄 그은 관용 표현의 뜻이 무엇인지 알맞게 선으로 이으시오.

1 시험공부를 마치려면 아직 <u>갈 길이 멀다</u>. •

• ㉠ 앞으로 해야 할 일들이 많이 남아 있다.

2 아들을 군대에 보내고 온 부모님의 <u>발길이 무겁다</u>. •

• ㉡ 한두 번 가 본 길을 잊지 않고 찾아갈 만큼 길을 잘 기억하다.

3 형준이는 한 번 간 곳은 다 기억할 정도로 <u>길눈이 밝다</u>. •

• ㉢ 마음이 내키지 않거나 선뜻 어떤 일을 하고 싶지 않다.

07 밑줄 그은 한자 성어의 뜻으로 알맞은 것은?   [✎   ]

> 아빠: 민지야, 생일 선물로 갖고 싶은 장난감을 한 개 사 주마. 여기서 골라 보렴.
> 민지: 정말요? 감사합니다.
> 아빠: 그래. 갖고 싶은 것 골랐니?
> 민지: 잠깐만요. 장난감이 '<u>각양각색(各樣各色)</u>'이라 고르기가 어렵네요.

① 비슷비슷한 모양

② 잔뜩 멋을 낸 모양

③ 보기에 좋은 모양

④ 제대로 이루어지지 않은 모양

⑤ 각기 다른 여러 가지 모양과 빛깔

08~10 다음 글을 읽고, 물음에 답하시오. 　　　　　　과학 우주

북극성은 북쪽 하늘의 작은곰자리에서 꼬리 끝 부분에 있는 밝은 1개의 별로 폴라리스라고도 불린다. 큰곰자리에서 가장 뚜렷하게 보이는 7개의 별인 북두칠성이 큰 국자 형상으로 보인다면, 작은곰자리는 작은 국자 형상으로 보인다. 밤하늘에서 북극성을 찾을 때 북두칠성을 이용하면 그 위치를 쉽게 발견할 수 있다. 북두칠성의 국자 모양 끝부분에 있는 별 두 개를 선으로 연결하고, 그 선을 다섯 배 연장하면 그곳에서 북극성을 찾을 수 있다.

북극성은 계절에 상관없이 일 년 내내 볼 수 있고, 항상 북쪽을 가리키고 있는 별이다. 북쪽을 알고 싶으면 밤하늘에서 북극성을 찾아보면 된다. 북극성을 바라보고 양팔을 벌렸을 때 오른쪽 팔이 가리키는 방향이 동쪽, 왼쪽 팔이 가리키는 방향이 서쪽, 등 뒤쪽의 방향이 남쪽이 된다. 나침반이 없던 옛날에는 뱃사람들이 항해하다 길을 잃었을 때 북극성을 보고 길을 찾았다고 한다. 북극성이 뱃사람들에게 길잡이가 되어 준 것이다.

08 이 글의 핵심 내용을 파악하여 빈칸에 들어갈 알맞은 말을 쓰시오.

북쪽 하늘에 떠 있는 별, ☐☐☐

09 이 글의 내용으로 알맞지 <u>않은</u> 것은? 　　　[✎　　]

① 북극성은 폴라리스라고도 한다.
② 북극성은 항상 북쪽을 가리킨다.
③ 북두칠성은 큰 국자 형상을 하고 있다.
④ 북극성은 북두칠성에 포함되어 있는 별이다.
⑤ 북극성은 계절에 상관없이 일 년 내내 볼 수 있다.

10 북극성이 뱃사람들에게 길잡이가 되었던 까닭으로 알맞은 것은? 　　　[✎　　]

① 북극성은 날씨와 상관없이 잘 보이기 때문이다.
② 북극성을 향하여 가면 육지가 나오기 때문이다.
③ 북극성은 계절에 따라 위치가 다르기 때문이다.
④ 북극성을 기준으로 하여 동서남북을 찾을 수 있기 때문이다.
⑤ 북극성을 보는 게 나침반을 이용하는 것보다 편하기 때문이다.

사회 법

11 사회를 유지하는 힘

자율

스스로	자 自
규칙	율 律

남의 지배나 구속을 받지 않고 자기 스스로의 원칙에 따라 어떤 일을 하는 일

제재

억누르다	제 制
막다	재 裁

법이나 규정을 어겼을 때 벌을 주거나 그 행동을 못하게 하다.

> 우리 도서관은 책 반납이 자율에 따라 이뤄지고, 책 반납 기간을 어겨도 제재가 없어요.

> 그러다 보니 없어지는 책이 있어요. 강제로라도 책을 반납하도록 규범을 만들면 어떨까요?

강제

억지로 시키다	강 強
억누르다	제 制

권력이나 힘으로 남이 원하지 않는 일을 억지로 시키다.

규범

법	규 規
본보기	범 範

마땅히 따르고 지켜야 할 본보기

어휘를 넓혀요

01 빈칸에 공통으로 들어갈 알맞은 어휘를 쓰시오.

- 우리 학교에서는 내년부터 복장을 학생의 [ ][ ]에 맡기기로 했다.
- 여름 방학에는 공부하는 시간과 노는 시간을 내가 [ ][ ]적으로 정한다.

02 빈칸에 들어갈 어휘로 알맞지 <u>않은</u> 것을 골라 ✓표를 하시오.

다른 나라를 여행할 때는 그 나라의 [ ]을 지켜야 한다.

☐ 규범   ☐ 규명   ☐ 규칙   ☐ 규정

03 밑줄 그은 어휘와 뜻이 비슷한 어휘를 괄호 안에서 골라 ○표를 하시오.

1 세금을 제대로 내지 않은 기업은 법적 <u>제재</u>를 받는다.

↳ (처벌 | 감시)

2 다른 사람의 물건이나 돈을 <u>강제로</u> 빼앗으면 안 된다.

↳ (때때로 | 억지로)

04 빈칸에 '스스로 자(自)' 자가 들어간 어휘를 쓰시오.

1 이 전등은 어두워지면 [자][ ]으로 불이 켜진다.

기계 등이 일정한 장치에 의하여 스스로 움직이다.

2 동생은 시험에서 백 점을 맞을 거라며 <u>[자][ ][ ]</u>을 보였다.

어떤 일을 스스로 충분히 해낼 수 있다고 믿는 마음

05 보기를 보고, 괄호 안에서 표기가 바른 어휘를 골라 ○표를 하시오.

> **보기**
>
> '율/률(率)'은 앞에 오는 글자의 형태에 따라 '율'을 쓰기도 하고 '률'을 쓰기도 한다. 'ㄴ' 받침이나 모음으로 끝나는 글자 다음에는 '율'로 적고, 나머지 받침으로 끝나는 글자 다음에는 '률'로 적는다.

1 우리 학교는 (규율 │ 규률)이 엄격하다.

2 오늘 체육 시간에는 (자율 │ 자률) 학습을 했다.

3 이 자동차 학원은 면허 시험 (합격율 │ 합격률)이 높다.

4 피아니스트의 연주가 너무 훌륭해서 온몸에 (전율 │ 전률)이 흘렀다.

06 '-력(力)'은 '능력' 또는 '힘'의 뜻을 더하는 말이다. 밑줄 그은 어휘의 뜻이 무엇인지 알맞게 선으로 이으시오.

1 법은 <u>강제력</u>이 있다. ●

● ㉠ 외워서 잊지 않는 힘

2 어머니는 <u>생활력</u>이 강하시다. ●

● ㉡ 남을 강제로 다스리는 힘이나 권력

3 나는 <u>암기력</u>이 뛰어나서 한 번 본 것은 잊지 않는다. ●

● ㉢ 사회생활을 해 나갈 수 있는 능력

07 밑줄 그은 한자 성어의 뜻으로 알맞은 것은? [✎　]

> 진우: 어제 길에 쓰레기를 버리는 어른들을 봤어.
> 민지: 어른이 '<u>솔선수범(率先垂範)</u>'해야 우리 어린이들도 규범을 지켜야 한다는 걸 보고 배울 텐데.

① 옳고 그름을 따지다.

② 밤낮을 가리지 않고 노력하다.

③ 착한 일을 권하고 나쁜 일을 벌하다.

④ 그때그때 형편에 따라 알맞게 일을 처리하다.

⑤ 남보다 앞장서서 행동하여 몸소 본보기가 되다.

08~10 다음 글을 읽고, 물음에 답하시오.

사회 법

　길에서 이웃 어른을 만났을 때 인사를 할지, 말지는 자율로 정하면 된다. 어른께 인사를 하는 일은 개인의 양심에 따라 행동해도 되는 도덕이기 때문이다. 도덕을 지키지 않으면 스스로 양심의 가책을 느끼거나 다른 사람의 비난을 받을 수 있지만 벌금을 내거나 경찰에 잡혀가지는 않는다. 그런데 가게에서 물건을 살 때 돈을 낼지, 말지는 스스로 정하지 않는다. 물건값을 내는 일은 누구나 무조건 지켜야 하는 법이기 때문이다. 법은 국가가 사회 구성원들에게 지키도록 요구하는 규범이라서 도덕과 달리 강제하는 힘이 있다. 따라서 법을 어기면 벌금을 내거나 경찰에 잡혀가는 등의 제재를 받는다.

　법은 사람들 사이에 발생하는 크고 작은 다툼을 공정하게 해결하고, 범죄를 저지른 사람을 처벌하여 사회의 질서를 유지해 준다. 또한 사회 구성원 모두가 인간다운 생활을 누릴 수 있도록 보호해 준다.

08 이 글의 핵심 내용을 파악하여 빈칸에 공통으로 들어갈 알맞은 말을 쓰시오.

〔 　□□의 특성과 　□□을 지켜야 하는 까닭 　〕

09 이 글의 내용으로 알맞지 <u>않은</u> 것은?　　　　　　　　[✐ 　]

① 법을 지키지 않으면 제재를 받는다.
② 도덕은 국가가 지키도록 요구하는 규범이다.
③ 도덕은 법과 달리 스스로 기준을 정할 수 있다.
④ 도덕은 강제하는 힘이 없지만 법은 강제하는 힘이 있다.
⑤ 법은 사람들 사이에 발생하는 다툼을 공정하게 해결해 준다.

10 이 글로 보아 법을 어긴 일에 해당하는 것은?　　　　　　[✐ 　]

① 공연장에 입장할 때 새치기를 했다.
② 다른 사람의 차에 송곳으로 흠을 냈다.
③ 친구들에게 잘 보이려고 거짓말을 했다.
④ 무거운 짐을 들고 가는 어르신을 도와드리지 않았다.
⑤ 지하철에서 몸이 불편한 사람에게 자리 양보를 하지 않았다.

12

국어 문법

어처구니와 뜬금

시세

| 때 | 시 | 時 |
| 형편 | 세 | 勢 |

일정한 시기의 물건값

매기다

일정한 기준에 따라 사물의 값이나 등수를 정하다.

이 가게는 과일 시세에 따라 주스 가격을 매기네. 가격이 좀 비싼데 맛있을까?

?!

이 가게는 신선한 과일을 곱게 분쇄해서 주스를 만들기 때문에 맛이 좋을 것이라고 유추할 수 있어.

분쇄

| 가루 | 분 | 粉 |
| 부수다 | 쇄 | 碎 |

단단한 물체를 가루처럼 잘게 부스러뜨리다.

유추

| 무리 | 유 | 類 |
| 헤아리다 | 추 | 推 |

같거나 비슷한 성질을 가진 것을 통해 다른 것을 미루어 짐작하다.

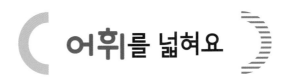
01 빈칸에 공통으로 들어갈 알맞은 어휘를 쓰시오.

- 원두를 직접 갈아 커피를 마시려고 원두 ☐☐ 기계를 샀다.

- 약사가 먹기 좋게 알약을 ☐☐ 하여 가루약으로 만들어 주었다.

02 밑줄 그은 어휘의 뜻에 맞는 말을 괄호 안에서 골라 ○표를 하시오.

1 이 집은 요즘 시세가 3억 원 정도 된다.
→ 뜻 일정한 시기의 (물건값 | 물건의 수)

2 100미터 달리기에서 일찍 들어온 차례대로 등수를 매기다.
→ 뜻 일정한 기준에 따라 사물의 값이나 등수를 (내리다 | 정하다).

03 밑줄 그은 어휘와 뜻이 비슷한 어휘가 <u>아닌</u> 것을 골라 ✓표를 하시오.

사람의 표정이나 행동을 보면 마음을 <u>유추할</u> 수 있다.

☐ 짐작할   ☐ 추측할   ☐ 헤아릴   ☐ 적용할

04 빈칸에 '때 시(時)' 자가 들어간 어휘를 쓰시오.

1 우리나라와 미국은 14시간의 ☐시 ☐가 있다.
세계 각 지역의 시간 차이

2 밖에서 들리는 큰 소리에 동생과 나는 ☐ 시 에 서로를 바라봤다.
같은 때나 시기

05 보기 를 보고, 밑줄 그은 어휘의 자음자를 바꾸어 빈칸에 알맞은 어휘를 쓰시오.

보기

우리말 어휘 중에는 어휘의 기본 뜻은 그대로이지만 자음자만 바꾸어 어휘의 느낌을 다르게 표현한 것이 있다. 예사소리('ㄱ', 'ㄷ', 'ㅂ', 'ㅅ', 'ㅈ')는 순하고 부드러운 느낌을, 된소리('ㄲ', 'ㄸ', 'ㅃ', 'ㅆ', 'ㅉ')는 예사소리보다 단단하고 센 느낌을, 거센소리('ㅋ', 'ㅌ', 'ㅍ', 'ㅊ')는 그보다 더 크고 거친 느낌을 준다.

예 단단하다 < 딴딴하다 < 탄탄하다

1 머리가 <u>빙빙</u> 돈다. ➡ 빙빙 < 삥삥 < ☐

2 옆집이 이사를 간 것도 <u>감감</u> 몰랐다. ➡ 감감 < ☐ < 캄캄

06 밑줄 그은 부분에 들어갈 관용 표현으로 알맞은 것을 골라 ✓표를 하시오.

곧 한국 최대 명절 중 하나인 설날이다. 어머니와 나는 설날에 먹을 음식을 준비하러 시장에 갔다. 어머니와 함께 요리에 쓸 채소들을 골랐다. 어머니께서는 채소 가격이 너무 비싸다고 말씀하셨다. 날씨가 추워 채소가 잘 수확되지 않기도 하고, 명절 기간이라 물량이 부족해서 요즘은 채소가 '＿＿＿＿＿＿＿＿＿＿'이라고 한다.

☐ 코 묻은 돈   ☐ 제 눈에 안경   ☐ 부르는 게 값

07 밑줄 그은 속담의 뜻으로 알맞은 것은?   [✎   ]

지우: 시계가 왜 이러지? 천 원밖에 안 하길래 한번 사 봤더니 하루 만에 고장났어요.
엄마: "<u>싼 것이 비지떡</u>"이라고, 물건값이 싸다고 샀다가는 수리비가 더 들 수 있어. 다음부터는 가격뿐만 아니라 제대로 만든 물건인지도 꼼꼼히 살펴보고 사렴.

① 잘 아는 사람이 물건값을 더 비싸게 매겨 판다.
② 값이 싼 물건은 품질도 그만큼 나쁘기 마련이다.
③ 자기가 지킬 도리를 먼저 지켜야 남에게 대우받는다.
④ 값이 같거나 같은 노력을 한다면 더 좋은 것을 선택한다.
⑤ 일의 사정도 잘 모르면서 이러니저러니 참견하여 말한다.

08~10 다음 글을 읽고, 물음에 답하시오.　　　　　국어 문법

　‘어처구니없다’는 ‘일이 너무 뜻밖이어서 기가 막히는 듯하다.’라는 뜻이고, ‘뜬금없다’는 ‘갑작스럽고도 엉뚱하다.’라는 뜻이다. 이 두 말은 각각 ‘어처구니’, ‘뜬금’에 ‘없다’가 합쳐진 말이다. ‘없다’는 무슨 뜻인지 쉽게 알 수 있는데, ‘어처구니’와 ‘뜬금’은 평소에 쓰는 말이 아니어서 그 뜻을 유추하기가 쉽지 않다.

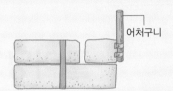

　‘어처구니’는 맷돌에 있는 나무 손잡이의 이름이다. 옛날에는 곡물을 분쇄할 때 어처구니를 잡고 맷돌을 돌려 사용했다. 맷돌을 쓰려고 하는데 어처구니가 없다면 황당할 것이다. 그래서 기가 막힐 때 ‘어처구니없다’고 하게 되었다. ‘뜬금’은 옛날에 곡물 시장에서 거래의 기준이 되는 가격의 이름이다. 곡물 시장에서는 시세에 따라 그날그날 뜬금이 다르게 매겨졌다. 뜬금이 정해지지 않고 곡물 거래가 이루어지는 것은 있을 수 없는 일이었다. 그래서 갑작스러운 일이 생겼을 때 ‘뜬금없다’고 하게 되었다.

08 이 글의 핵심 내용을 파악하여 빈칸에 들어갈 알맞은 말을 쓰시오.

　　　‘어처구니없다’와 ‘□□□□’라는 말의 유래

09 이 글의 내용으로 알맞지 <u>않은</u> 것은?　　　[✎　]

① ‘어처구니’는 맷돌에 있는 나무 손잡이의 이름이다.
② ‘뜬금없다’는 ‘갑작스럽고도 엉뚱하다.’라는 뜻이다.
③ ‘어처구니없다’라는 말은 ‘어처구니’와 ‘없다’가 합쳐진 말이다.
④ ‘뜬금’은 옛날 곡물 시장에서 거래의 기준이 되는 가격의 이름이다.
⑤ ‘어처구니없다’는 ‘일이 너무 뜻밖이어서 기쁘고 즐겁다.’라는 뜻이다.

10 ‘어처구니없다’나 ‘뜬금없다’를 쓰기에 알맞지 <u>않은</u> 상황을 골라 그 기호를 쓰시오.

　㉠ 열 시간 넘게 공부를 해서 힘이 하나도 없는 상황
　㉡ 학생이 수업 시간에 갑자기 손을 들어 엉뚱한 질문을 하는 상황
　㉢ 한동안 연락이 끊겼던 친구가 갑자기 전화해서 만나자고 하는 상황
　㉣ 축구 경기에서 우리 편 선수가 상대편 골대가 아닌 우리 편 골대에 공을 넣은 상황

　　　　　　　　　　　　　　　　　　　　　　[✎　]

과학 우주

13 우주선에서 떠다니는 이유

끊임없다

계속하거나 이어져 있던 것이 끊이지 않다.

끌어당기다

끌어서 가까이 오게 하다.

침대가 나를 끊임없이 끌어당기는구나.

아빠가 힘을 작용해야 일어나겠니?

벌컥

벌떡

작용

| 일으키다 | 작 作 |
| 쓰다 | 용 用 |

어떠한 현상이나 행동을 일으키거나 영향을 미치다.

아빠가 등장하시는 속도에 비례해서 일어났습니다!

비례

| 견주다 | 비 比 |
| 규칙 | 례 例 |

한쪽의 수나 양이 변하는 만큼 다른 쪽의 수나 양도 일정하게 변하다.

01 밑줄 그은 내용과 바꾸어 쓸 수 있는 어휘를 빈칸에 쓰시오.

1 전화기를 내 쪽으로 <u>끌어서 가까이 오게 하다.</u>

↳ ☐ ☐ ☐ ☐ ☐

2 가족과 친구는 사람의 성격이 만들어지는 데 많은 <u>영향을 미친다.</u>

↳ ☐ ☐ 을 한다.

02 빈칸에 공통으로 들어갈 어휘로 알맞은 것은? [✎   ]

• 자동차 수가 늘어나는 것에 ☐ 하여 교통사고도 늘어나고 있다.

• 이번 시험에서 나는 공부한 시간과 노력에 ☐ 하는 성적을 받았다.

① 준비   ② 대비   ③ 비례   ④ 비교   ⑤ 반대

03 빈칸에 '끊임없다'를 넣을 수 <u>없는</u> 문장을 골라 그 기호를 쓰시오.

㉠ 주현이는 ☐ 노력으로 오디션에 합격했다.

㉡ 공사장에서 망치질하는 소리가 ☐ 들려왔다.

㉢ 꿈에서 폭풍우로 배가 ☐ 바람에 한숨도 자지 못했다.

[✎   ]

04 '용(用)' 자가 들어간 **보기**의 어휘 중 빈칸에 알맞은 어휘를 골라 쓰시오.

보기

용도(쓰다 用, 길 途)   사용(부리다 使, 쓰다 用)

하윤: 선생님, 비커의 ❶ ☐ 는 무엇인가요?
　　　　　　　　　　쓰이는 곳, 쓰임새

선생님: 비커는 액체를 담을 때 ❷ ☐ 하는 그릇이에요.
　　　　　　　　　　　　일정한 목적이나 기능에 맞게 쓰다.

57

어법+표현 다져요

05 ( )안의 어휘 가운데 표기가 바른 것을 골라 ○표를 하시오.

1 버스를 탈 때에는 [차레 / 차례]대로 줄을 서야 한다.

2 선생님께서는 수업 시간표를 [게시판 / 계시판]에 붙이셨다.

3 용수철의 길이는 그것을 잡아당기는 힘에 [비레 / 비례]하여 늘어난다.

06 보기를 보고, 두 어휘를 합쳐서 빈칸에 알맞은 어휘를 쓰시오.

> **보기**
>
> '끌어당기다'는 '끌다'와 '당기다'가 합쳐진 말이다. 어휘와 어휘가 합쳐져서 하나의 어휘가 될 때에는 앞말의 '다'가 '-어'나 '-아'로 바뀐다.
>
> 끌다 + 당기다 → 끌어당기다

1 뛰다 + 다니다 → 강아지가 마당을 [   ].

2 다니다 + 오다 → 제주도로 여행을 [   ].

3 날다 + 가다 → 새가 푸른 하늘을 [   ].

07 밑줄 그은 한자 성어가 뜻하는 내용으로 알맞은 것은? [✏]

> 솔이네는 삼계탕을 전문으로 하는 식당을 열었다. 걱정 반, 기대 반으로 가게 문을 연 첫날에 기대 이상으로 많은 손님이 왔다. 얼마 안 가 솔이네 식당은 맛좋고 친절한 식당으로 소문이 나서 <u>문전성시(門前成市)</u>를 이루었다.

① 적은 이익으로 많이 팔다.　　② 손님들의 발길이 끊어지다.
③ 손님들이 끊임없이 찾아오다.　　④ 문을 닫고 밖으로 나가지 않다.
⑤ 손님이 오기를 간절히 기다리다.

08~10 다음 글을 읽고, 물음에 답하시오.

과학 우주

　우주선에서는 왜 걷지 못하고 떠다니는 걸까? 지구와 물체 사이에는 서로 끌어당기는 힘이 있다. 이러한 힘을 중력이라고 하는데, 지구와 멀리 떨어진 우주에서는 중력이 거의 작용하지 않는다. 그래서 우주선 안에서는 똑바로 설 수도 없고 걸을 수도 없다. 하지만 우주선에서도 중력을 만드는 방법이 있다. 우주선을 빠르게 회전시켜 물체가 바깥 방향으로 향하게 하는 힘을 만드는 것이다. 우리가 회전하는 놀이 기구를 탔을 때 바깥쪽으로 밀려나는 느낌을 받는 것과 같은 원리이다. 이렇게 만들어 낸 중력을 '인공 중력'이라고 한다.

　우주선에서 지구에서처럼 생활하려면 인공 중력이 끊임없이 작용해야 한다. 중력은 물체 고유의 양인 질량이 클수록 더 세지는데, 이것을 가리켜 '중력은 물체의 질량에 비례한다.'고 한다. 우주선에 있는 물체가 중력을 받아 바닥에 붙어 있으려면 그 물체의 질량만큼 인공 중력이 필요하다. 앞으로 인공 중력에 대해 더 많은 연구가 진행되면 머지않아 우주선에서 달리기를 하거나 공놀이를 할 수 있는 날이 올 것이다.

08 이 글의 핵심 내용을 파악하여 빈칸에 들어갈 알맞은 말을 쓰시오.

우주선 안에서 ☐☐☐☐을 만드는 방법

09 이 글의 내용으로 알맞지 **않은** 것은? [✎　　]

① 우주에서는 중력이 거의 작용하지 않는다.
② 중력은 물체의 질량이 작을수록 더 세진다.
③ 우주선에서는 사람이 걷지 못하고 떠다닌다.
④ 중력은 지구와 물체가 서로 끌어당기는 힘이다.
⑤ 우주선에서 지구에서처럼 생활하려면 인공 중력이 계속 작용해야 한다.

10 우주선에 인공 중력을 만드는 방법에 맞게 괄호 안에서 알맞은 말을 골라 ○표를 하시오.

우주선을 빠르게 ❶ (회전시켜 ┆ 달리게 하여), ❷ (안쪽 ┆ 바깥) 방향으로 향하게 하는 힘을 만든다.

수학 수

14 이집트인이 좋아한 분수

배분

나누다	배 配
나누다	분 分

각자의 몫을 일정하게 갈라서 나누다.

상징

모양	상 象
부르다	징 徵

어떤 사실이나 생각, 느낌을 구체적인 사물로 나타내다. 또는 그렇게 나타낸 기호나 사물

궁에는 궁 안에 사는 사람들에 맞게 공간이 배분되어 있대. 저 공간에는 가을의 상징인 단풍나무가 있네.

저쪽에 배치된 단풍나무가 정말 아름다워. 힘들었던 몸과 마음이 치유되는 것 같아.

배치

나누다	배 配
두다	치 置

사람이나 물건을 알맞은 자리에 나누어 두다.

치유

병을 고치다	치 治
병이 낫다	유 癒

치료하여 병을 낫게 하다.

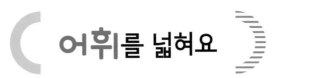

01 밑줄 그은 어휘의 뜻에 맞는 말을 괄호 안에서 골라 ○표를 하시오.

1 엄마는 이사하면서 가구 <u>배치</u>를 바꾸었다.

→ 뜻 사람이나 물건을 알맞은 자리에 (나누어 | 합쳐서) 두다.

2 작은 상처들은 시간이 지나면 저절로 <u>치유</u>되기도 한다.

→ 뜻 치료하여 병을 (낫게 | 얻게) 하다.

02 밑줄 그은 어휘와 뜻이 비슷한 어휘를 골라 ✓표를 하시오.

> 할아버지께서는 재산을 자식들에게 골고루 <u>나누어</u> 주셨다.

☐ 배합해 ☐ 배열해 ☐ 배분해 ☐ 배달해

03 빈칸에 공통으로 들어갈 알맞은 어휘를 쓰시오.

> "우리나라를 ☐☐ 하는 꽃은 무궁화야."
>
> "태극기는 우리나라를 ☐☐ 하는 국기야."

04 다음 어휘 중 '두다 치(置)' 자가 쓰이지 <u>않은</u> 것을 골라 그 기호를 쓰시오.

> ㉠ 방<u>치</u>: 내버려 두다.
>
> ㉡ 정<u>치</u>: 나라를 다스리다.
>
> ㉢ 설<u>치</u>: 어떤 일을 하는 데 필요한 시설을 두다.

[✎   ]

05 보기를 보고, '낫다'를 알맞게 활용한 것을 괄호 안에서 골라 ○표를 하시오.

> **보기**
>
> '낫다'에서 변하지 않는 부분인 '낫-'이 '-아, -으면, -으니'와 같이 모음으로 시작하는 말과 만나면 'ㅅ' 받침이 탈락하고, '나아, 나으면, 나으니'와 같이 활용한다.

1 약을 먹고 두통이 싹 (나샀다 | 나았다).

2 감기가 (나스려면 | 나으려면) 잠을 푹 자는 것이 좋다.

3 네가 빨리 (나사서 | 나아서) 예전처럼 함께 놀면 좋겠어.

06 밑줄 그은 관용 표현의 뜻이 무엇인지 알맞게 선으로 이으시오.

1 친구와 싸운 뒤로 친구에게 <u>거리를 두고</u> 있다. •

• ㉠ 잊지 않고 마음속에 새겨 두다.

2 나는 어제 어머니께 혼난 일을 <u>마음에 두고</u> 있다. •

• ㉡ 심리적으로 가까이하지 않다.

07 밑줄 그은 부분에 들어갈 내용으로 알맞은 것은? [✎   ]

> 연호, 연우: 할아버지, 사탕 나눠 주세요.
> 할아버지: 그래, 옛다. "콩도 닷*말 팥도 닷 말"이다.
> 연호: 그게 무슨 말이에요?
> 할아버지: 콩도 다섯 말, 팥도 다섯 말이라는 소리란다. 즉 ＿＿＿＿＿＿＿＿는 말이지.
> 연호, 연우: 똑같이 나눠 주셔서 감사합니다.
> ＊말: 곡식, 액체, 가루의 부피를 잴 때 쓰는 부피의 단위

① 어떤 것을 두 가지로만 배분한다

② 어떤 것을 배분하는 일로 다툰다

③ 어떤 것을 눈짐작으로 대강 배분한다

④ 어떤 것을 공평하게 골고루 배분한다

⑤ 어떤 것을 한쪽에 치우치게 배분한다

08~10 다음 글을 읽고, 물음에 답하시오. `수학` 수

고대 이집트에서는 물건을 고르게 배분하기 위해서 분자가 1인 단위분수를 사용했다. 이집트의 신, 호루스와 관련한 신화에도 단위분수가 나온다. 호루스는 전쟁을 하던 중 적에게 한쪽 눈이 뽑혔는데, 그 눈은 여섯 조각이 나서 이집트 전 지역에 뿌려졌다. 이를 불쌍히 여긴 지혜의 신 토트는 호루스의 눈을 치유해 주고, 전쟁에서 이긴 호루스는 이집트의 왕이 되었다.

이 신화를 바탕으로 고대 이집트인들은 '호루스의 눈' 그림을 만들었다. 이집트인들은 호루스의 눈 전체를 1이라고 생각하고, $\frac{1}{2}$, $\frac{1}{4}$, $\frac{1}{8}$, $\frac{1}{16}$, $\frac{1}{32}$, $\frac{1}{64}$의 단위분수를 눈의 각 부분에 배치했다. 각 단위분수는 후각, 시각, 생각, 청각, 미각, 촉각을 상징한다. 눈에 각 부분에 배치한 단위분수를 모두 더하면 (㉠)이 되는데, 1이 되려면 $\frac{1}{64}$이 부족하다. 이집트인들은 부족한 $\frac{1}{64}$은 지혜의 신 토트가 채워 준다고 믿었다고 한다.

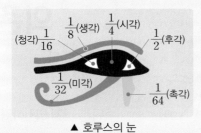

(청각)$\frac{1}{16}$ $\frac{1}{8}$(생각) $\frac{1}{4}$(시각) $\frac{1}{2}$(후각)
$\frac{1}{32}$(미각) $\frac{1}{64}$(촉각)

▲ 호루스의 눈

08 이 글의 핵심 내용을 파악하여 빈칸에 들어갈 알맞은 말을 쓰시오.

호루스의 [　　] 에 담긴 단위분수 이야기

09 이 글의 내용으로 알맞지 **않은** 것은? [✎　]

① 단위분수가 나오는 이집트 신화가 있다.
② '호루스의 눈' 그림에는 다섯 개의 단위분수가 적혀 있다.
③ '호루스의 눈' 그림은 이집트의 신화를 바탕으로 만들어졌다.
④ 이집트인은 물건을 고르게 나누기 위해 단위분수를 사용했다.
⑤ '호루스의 눈' 그림은 눈 전체를 1로 생각하고, 각 부분에 단위분수를 배치했다.

10 ㉠에 들어갈 알맞은 수를 골라 ✓표를 하시오.

☐ 1 ☐ $\frac{63}{64}$ ☐ $\frac{65}{64}$

사회 | 사회·문화

15 인터넷 바르게 사용하기

유출

흐르다	유	流
나가다	출	出

중요한 물건이나 정보 따위가 밖으로 새어 나가다.

의존

의지하다	의	依
있다	존	存

다른 것에 의지하여 존재하다.

이번 시합에 나갈 선수 명단이 유출됐다고 합니다.

선수를 선발할 수 있는 감독의 권한을 침해하는 일이네요.

우리가 한 선수에게만 의존한다고 비방하는 말이 많네요.

비방

흉보다	비	誹
헐뜯다	방	謗

남을 비웃고 헐뜯어서 말하다.

침해

어기다	침	侵
해치다	해	害

남의 권리나 재산, 신분 따위에 함부로 끼어들어 해를 끼치다.

01 밑줄 그은 어휘의 뜻에 맞는 말을 괄호 안에서 골라 ○표를 하시오.

1 삼촌은 서른이 넘도록 할아버지께 경제적으로 <u>의존</u>하고 있다.

→ 뜻 다른 것에 (의지하여 | 도움을 주어) 존재하다.

2 시험 문제가 <u>유출</u>된 사실이 밝혀지자 학교에서 시험 날짜를 미뤘다.

→ 뜻 중요한 물건이나 정보 따위가 (안으로 들어오다 | 밖으로 새어 나가다).

02 빈칸에 들어갈 알맞은 어휘를 쓰시오.

1 우리는 다른 사람의 자유를 ☐☐하면 안 된다.

2 선생님께 ☐☐하지 말고 스스로 문제를 풀어 보렴.

03 밑줄 그은 어휘와 뜻이 비슷한 어휘로 알맞지 <u>않은</u> 것은? [✎　　]

학생 회장 후보자들이 서로를 <u>비방하는</u> 모습에 눈살이 찌푸려졌다.

① 흉보는　　② 헐뜯는　　③ 비웃는　　④ 농담하는　　⑤ 험담하는

04 빈칸에 '해치다 해(害)' 자가 들어간 어휘를 쓰시오.

1 이번 가뭄으로 농민들은 벼농사에 큰 ☐ 해 를 입었다.

생명이나 신체, 재산, 명예 따위에 손해를 입다. 또는 그 손해

2 텔레비전 소리가 커서 공부에 ☐ 해 가 되니 텔레비전을 꺼 주세요.

남의 일을 잘못되게 하거나 못하게 하다.

어법+표현 다져요

05 〔 〕 안의 말 중에서 표기가 바른 어휘를 골라 ○표를 하시오.

1 우리 둘 문제이니 〔 끼어들지 / 끼여들지 〕 마라.

2 다른 사람을 〔 헐뜯고 / 헐뜻고 〕 다니면 안 된다.

3 중요한 정보가 밖으로 〔 새지 / 세지 〕 않도록 조심하세요.

06 보기 를 보고, 빈칸에 들어갈 알맞은 말을 쓰시오.

보기

流 흐르다 류(유) ― 교류(交流) | 유출(流出)

1 例 법식 례(예) ― 차 ☐ (次例) | ☐ 시 (例示)

2 理 다스리다 리(이) ― 정 ☐ (整理) | ☐ 해 (理解)

07 밑줄 그은 부분에 들어갈 속담으로 알맞은 것을 골라 ✔표를 하시오.

> 연예인을 향한 도 넘은 비방 댓글 … 이제는 그만
>
> 인터넷에 연예인을 비방하고 험담하는 글이 넘쳐나고 있다. 한 연예인은 근거 없는 비방 댓글을 읽다 보면 우울해지고, 사람들 앞에 나서기 두려워진다고 했다.
> "＿＿＿＿＿＿＿＿＿＿＿"라는 속담이 있듯이 자신이 쓴 비방 댓글이 남에게 큰 고통을 준다는 것을 알고, 이러한 글을 쓰지 말아야 할 것이다.

☐ 세 치 혀가 사람 잡는다

말을 함부로 하면 안 된다.

☐ 병 주고 약 준다

다른 사람에게 피해를 입혀 놓고 도와주는 체한다.

☐ 빈 수레가 요란하다

실속 없는 사람이 겉으로 더 떠들어 대다.

08~10 다음 글을 읽고, 물음에 답하시오. **사회** **사회·문화**

오늘날 인터넷이 발달하면서 우리 생활은 매우 편리해졌다. 인터넷을 이용하면 멀리 떨어져 있는 사람들과도 의사소통할 수 있고, 필요한 정보를 손쉽고 빠르게 얻을 수 있다. 또한 상점에 직접 가지 않아도 인터넷으로 다양한 물건을 비교하여 살 수 있고, 통신 기기만 있으면 집에서도 일할 수 있다. 하지만 이런 편리함 뒤에는 ㉠인터넷 중독, 개인 정보 유출, 악성 댓글, 저작권 침해 등의 문제도 발생하고 있다.

이런 문제를 예방하는 방법에는 무엇이 있을까? 먼저 인터넷에 지나치게 의존하지 않는 습관을 들인다. 인터넷을 꼭 써야 할 때는 시간을 정해 놓고 사용하고, 가족이나 친구들과 보내는 시간을 늘려 현실 세계에서의 관계 맺기에 집중한다. 개인 정보 유출을 막기 위해서는 인터넷 사이트의 비밀번호를 자주 바꾸고, 중요한 개인 정보가 새어 나가지 않도록 각별히 주의한다. 또 인터넷상에서 대화하거나 글을 올릴 때에는 상대를 비방하지 않고 예의를 지킨다. 마지막으로 다른 사람이 만든 저작물을 주인의 허락 없이 사용하지 않는다.

08 이 글의 핵심 내용을 파악하여 빈칸에 들어갈 알맞은 말을 쓰시오.

｛ ☐☐☐의 발달로 생긴 문제를 예방하는 방법 ｝

09 인터넷의 발달이 우리에게 미친 좋은 영향으로 알맞지 <u>않은</u> 것은? [✎   ]

① 먼 곳에 있는 사람과 의사소통할 수 있다.
② 통신 기기만 있으면 집에서도 일할 수 있다.
③ 필요한 정보를 손쉽고 빠르게 얻을 수 있다.
④ 상점에 직접 가지 않고도 물건을 살 수 있다.
⑤ 가족이나 친구들과 함께 보내는 시간이 늘었다.

10 ㉠의 문제를 예방하는 방법이 바르게 연결된 것은? [✎   ]

① 인터넷 중독 - 인터넷 사이트의 비밀번호를 자주 바꾼다.
② 인터넷 중독 - 중요한 개인 정보가 유출되지 않게 주의한다.
③ 개인 정보 유출 - 상대를 비방하지 않고 예의를 지킨다.
④ 악성 댓글 – 인터넷 사용 시간을 정해 놓고 사용한다.
⑤ 저작권 침해 - 다른 사람이 만든 저작물을 주인의 허락 없이 사용하지 않는다.

과학 지구

16 화산 활동의 두 얼굴

분출

| 뿜다 | 분 | 噴 |
| 나가다 | 출 | 出 |

액체나 기체 상태의 물질이 솟구쳐서 뿜어져 나오다.

분출되는 김

덮다

일정한 범위나 공간을 빈틈 없이 휩싸다.

안개 덮인 산

기름진 흙

기름지다

흙에 양분이 많다.

웅덩이에 고인 물

고이다

액체나 가스, 냄새 따위가 가운데가 움푹 들어간 곳에 모이다.

01 밑줄 그은 부분과 바꾸어 쓸 수 있는 어휘를 빈칸에 쓰시오.

1 소방 호스에서 물이 솟구쳐 뿜어져 나오다.

↳ ☐☐하다

2 올봄에 밭에 거름을 넉넉히 뿌렸더니 땅에 양분이 많다.

↳ 땅이 ☐☐☐☐

02 다음 표에서 뜻이 비슷하거나 반대되는 어휘를 골라 ◯표를 하시오.

떼다 | 치우다 | 가리다 ---- 비슷한 뜻 ---- **덮다** ---- 반대의 뜻 ---- 감추다 | 씌우다 | 벗기다

03 밑줄 그은 어휘의 뜻을 **보기**에서 골라 알맞은 기호를 쓰시오.

보기

㉠ 입에 침이 모이거나 눈에 눈물이 어리거나 하다.
㉡ 액체나 가스, 냄새 따위가 가운데가 움푹 들어간 곳에 모이다.

1 부모님이 꾸지람을 하시자 희아의 눈에 눈물이 가득 고였다. [✎　　]

2 웅덩이에 물이 고인 줄 모르고 밟았다가 바지에 흙탕물이 튀었다. [✎　　]

04 '출(出)' 자가 들어간 **보기**의 어휘 중 빈칸에 알맞은 어휘를 골라 쓰시오.

보기

출발(出發)　　외출(外出)　　출국(出國)

아버지: **1** ☐☐☐ 하는 친구를 배웅하러 공항에 가야 하는데, 같이 갈래?

영훈: 좋아요. 전 지금 **2** ☐☐☐ 해도 돼요. 어머니는 어디 가셨어요?

아버지: 볼일이 있어서 아침 일찍 **3** ☐☐☐ 하셨단다.

05 괄호 안에서 표기가 바른 어휘를 골라 ○표를 하시오.

1 손에 묻은 (흑 | 흙)을 털다.

2 불길이 건물을 (힙싸다 | 휩싸다).

3 돌고래가 물속에서 힘차게 (솟구치다 | 손구치다).

4 (액채 | 액체) 상태인 물이 얼면 고체인 얼음이 된다.

06 보기 를 참고했을 때, 밑줄 그은 피동 표현이 알맞지 <u>않은</u> 것은? [✎   ]

보기

몇몇 어휘에 '-이-, -히-, -리-, -기-'를 붙이면 사람이나 사물이 남의 힘에 의해 움직이는 것을 나타내는 피동 표현이 된다.

예 경찰이 도둑을 잡다. → 피동 도둑이 경찰에게 <u>잡히다</u>.

① 눈이 산을 덮다. → 피동 산이 눈으로 <u>덮히다</u>.

② 모기가 동생을 물다. → 피동 동생이 모기에게 <u>물리다</u>.

③ 사자가 여우를 먹다. → 피동 여우가 사자에게 <u>먹히다</u>.

④ 누나가 강아지를 안다. → 피동 강아지가 누나에게 <u>안기다</u>.

⑤ 친구가 나뭇가지를 꺾다. → 피동 나뭇가지가 친구에게 <u>꺾이다</u>.

07 밑줄 그은 속담에서 공통으로 말하고자 하는 내용으로 알맞은 것은? [✎   ]

"<u>고인 물이 썩는다</u>", "<u>고인 물에 이끼가 낀다</u>"는 움직이지 않고 한곳에 고여 있는 물은 썩기 마련이라는 뜻이다.

① 한 가지 일에만 집중하라.

② 힘든 일이 있어도 참고 견뎌라.

③ 싫증 나는 일은 억지로 하지 마라.

④ 아무 생각 없이 남을 뒤따르지 마라.

⑤ 부지런하게 움직이고 꾸준히 노력하라.

08~10 다음 글을 읽고, 물음에 답하시오. 과학 지구

화산 활동은 지하 깊은 곳에 있던 *마그마가 땅의 갈라진 틈을 뚫고 분출하는 활동을 말한다. 화산 활동은 우리 생활에 여러 가지 도움을 준다. 우선 깊은 땅속의 열을 활용하여 온천을 개발하거나 독특한 경관을 이용하여 관광 산업을 할 수 있다. 제주도의 유명 관광지인 한라산에는 화산 활동으로 생긴 분화구에 물이 고여 만들어진 백록담이라는 호수가 있다. 화산 활동을 할 때 나온 용암의 부스러기인 화산재는 땅을 기름지게 하여 농작물이 잘 자라게 한다. 화산재는 이밖에도 옷을 만드는 섬유에 쓰여 옷에 물이 잘 스며들지 않게 하고, 건축 재료에 들어가 튼튼한 건물을 짓는 데 도움을 준다.

그러나 한편으로는 화산 활동이 우리 생활에 피해를 주기도 한다. 용암이 흘러내리면 도시 전체와 농경지가 파괴되고, 이것이 화재로 이어져 산과 집을 태운다. 이는 많은 재산 및 인명 피해를 낳는다. 화산재는 햇빛을 일부 차단하여 대기의 온도를 낮추고, 농경지를 덮어 농작물을 망가뜨리기도 한다.

＊마그마: 땅속 깊은 곳에서 암석이 녹아서 생긴 물질. 약 800~1400 ℃로 매우 뜨겁다.

08 이 글의 핵심 내용을 파악하여 빈칸에 들어갈 알맞은 말을 쓰시오.

{ ☐☐ 활동이 우리에게 주는 영향 }

09 화산 활동이 우리에게 주는 도움으로 알맞지 <u>않은</u> 것은? [✎]

① 화산재가 공기를 깨끗하게 한다.
② 독특한 경관을 관광 자원으로 이용할 수 있다.
③ 깊은 땅속의 열을 이용하여 온천을 개발할 수 있다.
④ 화산재를 옷을 만드는 섬유나 건축 재료로 사용한다.
⑤ 화산재가 땅을 기름지게 하여 농작물이 잘 자라게 한다.

10 화산 활동이 우리에게 주는 피해로 알맞은 것을 골라 ✔표를 하시오.

☐ 용암이 흘러내리면서 도시와 농경지를 파괴한다. ☐ 화산재가 햇빛을 차단하여 대기의 온도를 높인다. ☐ 분화구에 생긴 호수가 환경을 오염시킨다.

사회 **역사**

17 유관순, 독립 만세를 외치다

순국

| 목숨을 바치다 | 순 | 殉 |
| 나라 | 국 | 國 |

나라를 위하여 목숨을 바치다.

거행

| 행하다 | 거 | 擧 |
| 행하다 | 행 | 行 |

의식이나 행사 따위를 치르다.

독립 만세 운동
순국자 추모식

• 일시: 2○○○.○○.○○
오전 10시
• 장소: 서울 △△ 공원

우리나라 독립을 위해 목숨을 바친 분들의 추모식이 거행된대.

일본 헌병들의 폭력적인 진압에 끝까지 대항하다 돌아가신 분들이구나. 존경스러워.

진압

| 누르다 | 진 | 鎭 |
| 누르다 | 압 | 壓 |

강제로 억눌러 가라앉히다.

대항

| 대하다 | 대 | 對 |
| 겨루다 | 항 | 抗 |

지지 않으려고 맞서서 버티다.

어휘를 넓혀요

정답과 해설 22쪽

01 빈칸에 들어갈 알맞은 어휘를 각각 쓰시오.

- 현충일은 나라를 위해 싸우다 ❶ ☐☐ 하신 분들을 기리기 위해 정한 날이다.
- 매해 현충일에는 기념 행사가 ❷ ☐☐ 된다.

02 빈칸에 들어갈 어휘로 알맞은 것을 골라 ✓표를 하시오.

왕건은 여러 세력들의 다툼을 ☐☐☐☐☐ 하고 고려를 세웠다.

☐ 진실　　　　☐ 진입　　　　☐ 진압　　　　☐ 진화

03 다음 표에서 뜻이 비슷한 어휘를 골라 ○표를 하시오.

1 거행하다

└ 비슷한 뜻 ◀

치르다　│　고치다　│　마치다

2 대항하다

└ 비슷한 뜻 ◀

맞서다　│　피하다　│　그만두다

04 빈칸에 '나라 국(國)' 자가 들어간 어휘를 쓰시오.

1 우리나라 문화재 가운데 국☐☐ 제1호는 숭례문이다.
　　나라에서 정하여 법으로 보호하는 문화재

2 우리나라의 국☐☐ 는 70퍼센트가 산으로 이루어져 있다.
　　나라의 땅 또는 한 나라의 통치권이 미치는 지역

05 보기를 보고, 문장에 알맞은 어휘를 괄호 안에서 골라 ○표를 하시오.

> **보기**
>
> **바치다** : 무엇을 위하여 모든 것을 아낌없이 내놓거나 쓰다.
> 예 나라를 위해 목숨을 바치다.
>
> **받히다** : 사람이나 물체의 한 부분이 세차게 부딪히다.
> 예 민수는 자동차에 받혀 크게 다쳤다.
>
> **받치다** : 물건의 밑이나 옆 따위에 다른 물체를 대다. 예 쟁반에 그릇을 받치다.

1 동생은 등 밑에 베개를 (바치고 │ 받히고 │ 받치고) 누웠다.

2 소의 뿔에 (바친 │ 받힌 │ 받친) 농부는 피를 흘리며 병원으로 옮겨졌다.

3 우리 어머니께서는 한글 교육에 평생을 (바치셨다 │ 받히셨다 │ 받치셨다).

06 보기를 보고, 밑줄 그은 어휘를 바르게 고쳐 쓰시오.

> 행사를 **치르다(○)** **치루다(×)**

1 우리 언니는 오월에 결혼식을 <u>치뤘다</u>. → ⬚

2 마지막 시험을 <u>치룬</u> 동생의 표정이 밝았다. → ⬚

3 모든 경기를 <u>치루고</u> 나니 마음이 후련하다. → ⬚

07 밑줄 그은 부분에 공통으로 들어갈 관용 표현을 골라 ✓표를 하시오.

> • 독립운동가들은 ＿＿＿＿＿＿＿＿ 독립을 향한 의지를 굽히지 않았다.
> • 우리는 ＿＿＿＿＿＿＿＿ 다른 사람에게 비밀을 말하지 않기로 약속했다.

☐ 쥐도 새도 모르게	☐ 목에 칼이 들어와도	☐ 간이라도 빼어 줄 듯
감쪽같이 행동하여 아무도 모르게	무슨 일이 있더라도 끝까지 버티다.	무엇이라도 아낌없이 내 줄 것처럼 아부하다.

08~10 다음 글을 읽고, 물음에 답하시오. `사회` `역사`

"대한 독립 만세!"

1919년 3월 1일, 수천 명의 학생과 시민이 서울 탑골 공원에 모여 독립 선언식을 거행했다. 사람들은 거리로 나가 태극기를 흔들며 만세 시위를 벌였다. 그날, 이화 학당에 다니던 유관순도 친구들과 함께 목이 터져라 독립 만세를 불렀다. 학생들의 시위가 확대되자 일제는 모든 학교의 문을 닫았다. 유관순은 고향인 천안으로 내려가 독립 만세 시위를 열 계획을 세우고, 마을 사람들에게 시위에 참여할 것을 권유했다.

4월 1일, 천안 아우내 장터에 수천 명의 사람이 모였다. 유관순은 사람들에게 태극기를 나누어 주고 앞장서서 만세 시위를 이끌었다. 일본의 헌병들은 칼을 휘두르고 총을 쏘아대며 폭력적인 방법으로 시위를 진압했다. 많은 사람이 죽거나 다쳤고, 유관순은 일본 헌병들에게 붙잡혀 감옥으로 끌려갔다. 유관순은 감옥에 갇힌 와중에도 큰 소리로 "대한 독립 만세!"를 외쳤다. 끝까지 일제에 저항하며 조국의 독립을 외치던 유관순은 결국 매를 맞아 얻은 병을 이기지 못하고 19세의 어린 나이로 감옥에서 순국했다.

08 이 글의 핵심 내용을 파악하여 빈칸에 들어갈 알맞은 말을 쓰시오.

유관순이 일제에 저항하기 위해 [   ] 만세 운동을 한 과정

09 유관순이 고향으로 돌아와 한 일로 알맞은 것은? [✎   ]

① 마을 사람들에게 한글을 가르쳤다.
② 가족과 함께 이사 갈 계획을 세웠다.
③ 이화 학당 친구들과 함께 공부를 했다.
④ 마을 사람들에게 태극기를 만들어 팔았다.
⑤ 마을 사람들에게 독립 만세 시위에 참여하자고 했다.

10 이 글을 읽은 후의 반응으로 알맞지 <u>않은</u> 것을 골라 그 기호를 쓰시오.

㉠ 우리나라의 독립을 위해 싸워 주신 분들께 감사함을 느끼게 되었어.
㉡ 감옥에서 풀려나서도 계속해서 독립 운동을 한 유관순이 대단해 보였어.
㉢ 어린 나이에도 앞장서서 만세 시위를 이끈 유관순은 정말 용기 있는 것 같아.

[✎   ]

18 우리말 지키기

유입

전하다	유	流
들어오다	입	入

문화, 지식, 사상 따위가 들어오다.

대체

대신하다	대	代
바꾸다	체	替

대신할 만한 것으로 바꾸다.

오늘날 다양한 서양 문화가 유입됐어도 한복은 다른 옷으로 대체할 수 없는 우리나라 고유의 옷이란다.

우리 의복 문화의 근본인 한복에 자긍심을 갖고 한복을 세계에 알리고 싶어요.

근본

뿌리	근	根
본바탕	본	本

사물의 본질이나 본바탕

자긍심

스스로	자	自
자랑하다	긍	矜
마음	심	心

스스로를 떳떳하고 자랑스럽게 여기는 마음

01 밑줄 그은 어휘의 뜻에 맞는 말을 괄호 안에서 골라 ○표를 하시오.

1 우리 아버지는 소방관이라는 직업에 <u>자긍심</u>을 가지고 계시다.

→ 뜻 스스로를 (떳떳하고 자랑스럽게 | 부끄럽고 실망스럽게) 여기는 마음

2 외국에서 <u>유입</u>된 음식 문화가 우리의 식생활을 많이 변화시켰다.

→ 뜻 문화, 지식, 사상 따위가 (나가다 | 들어오다).

02 빈칸에 공통으로 들어갈 알맞은 어휘를 쓰시오.

- 수질 오염을 개선하는 ☐☐ 대책을 세워야 한다.
- 의료진은 전염병이 발생한 ☐☐ 원인을 찾고 있다.

03 빈칸에 들어갈 어휘로 알맞지 <u>않은</u> 것을 골라 ✓표를 하시오.

오늘 미술 시간에 그릴 대상을 사과에서 수박으로 ☐ 하겠습니다.

☐ 대체   ☐ 교체   ☐ 대신   ☐ 교환

04 뜻과 예문을 보고, 빈칸에 들어갈 알맞은 글자를 쓰시오.

1 근 (뿌리 根) + ☐ { 뜻 어떤 일이나 의논, 의견에 그 근본이 되다. 또는 그런 까닭 / 예문 주장을 하려면 적절한 _____를 대야 한다.

2 본 (본바탕 本) + ☐ { 뜻 가명이나 별명이 아닌 본디 이름 / 예문 연예인들은 _____ 대신 가명을 많이 쓴다.

05 '- 품(品)'은 일부 어휘에 붙어 '물품' 또는 '작품'의 뜻을 더하는 말이다. 보기의 어휘 중 빈칸에 알맞은 어휘를 골라 쓰시오.

> **보기**
>
> 대체품   창작품   화장품

1 이 물건은 마땅한 [   ]이 없어 가격이 터무니없이 올랐다.

2 형은 블록을 이용해 자신만의 [   ]을 만드는 취미가 있다.

3 화장대에 갖가지 모양과 색깔의 [   ]들이 빼곡히 놓여 있다.

06 관용 표현의 뜻으로 보아, 밑줄 그은 부분에 공통으로 들어갈 말로 알맞은 것은?

[   ]

> • 귀에 _____ → 뜻 말이나 이야기가 그럴 듯하게 여겨지다.
> • 머리에 _____ → 뜻 사실이나 지식이 사람의 생각에 잘 이해되다.

① 익다   ② 맴돌다   ③ 들어오다
④ 그려 넣다   ⑤ 못이 박히다

07 다음 상황에서 지효가 사용할 수 있는 속담으로 알맞은 것은?

[   ]

> 승기: 당장 내일이 합창 대회인데 수민이가 감기에 걸려서 목소리가 안 나온대. 어쩌지?
> 지효: 상황이 급하니 진우에게 수민이 자리를 대신해 달라고 부탁하자. 남은 아이들 중에는 그나마 진우가 노래를 가장 잘하니까 말이야.

① 꿩 대신 닭   ② 꿩 구워 먹은 자리
③ 꿩 먹고 알 먹는다   ④ 닭 소 보듯, 소 닭 보듯
⑤ 닭 쫓던 개 지붕 쳐다보듯

08~10 다음 글을 읽고, 물음에 답하시오. 국어 문법

　　오늘날 다른 나라의 문화와 문물이 우리나라에 활발히 유입되면서 다른 나라의 말도 함께 들어와 많이 쓰이고 있다. '버스, 텔레비전, 밀크, 게스트'는 모두 다른 나라에서 들어온 말이지만 그중 '버스, 텔레비전'은 우리말처럼 쓰이는 말인 외래어이고, '밀크, 게스트'는 우리말로 정착되지 않은 말인 외국어이다. 외래어는 우리말로 대체할 수 있는 말을 찾지 못하여 그대로 굳어져 쓰이는 반면, 외국어는 우리말로 대체할 수 있다는 점이 다르다. '밀크'는 '우유'로, '게스트'는 '손님'으로 바꾸어 쓸 수 있다.

　　외래어와 외국어를 함부로 쓰는 것이 왜 문제가 될까? 먼저 다른 나라에서 들어온 말을 잘 알지 못하는 사람과 원활한 의사소통을 하기 어렵다. 또한 우리말의 소중함이나 한글에 대한 문화적 자긍심을 잃을 수 있고, 심해지면 우리말의 근본이 흔들릴 수도 있다. 따라서 불필요한 외래어 사용을 줄이고, 외국어는 되도록 우리말로 바꾸어 써서 아름다운 우리말을 지켜 나가야 한다.

08 이 글의 핵심 내용을 파악하여 빈칸에 들어갈 알맞은 말을 쓰시오.

{ ⬚⬚⬚ 와 외국어를 함부로 쓰면 안 되는 이유 }

09 다른 나라에서 들어온 말에 대한 설명으로 알맞은 것은? [　✎　]

① '밀크, 게스트'는 외래어의 예이다.
② '버스, 텔레비전'은 외국어의 예이다.
③ 외국어는 외국에서 들어왔지만 우리말처럼 쓰이는 말이다.
④ 외래어는 외국에서 들어와서 우리말로 정착되지 않은 말이다.
⑤ 외국어는 우리말로 대체할 수 있지만 외래어는 대체하기 어렵다.

10 이 글을 읽고 알맞지 <u>않은</u> 반응을 보인 사람을 쓰시오.

송이: 외래어와 외국어를 함부로 쓰면 우리말의 근본이 흔들릴 수 있겠구나.
지훈: 외국어에 익숙하지 않은 사람과 대화할 때는 더더욱 외국어를 써야겠어.
규하: 우리말을 많이 써서 한글에 대한 문화적 자긍심을 잃지 않도록 해야겠어.

[　✎　]

수학 연산

19 평균의 함정

속출

잇다	속	續
나오다	출	出

잇따라 나오다.

신뢰

믿다	신	信
의지하다	뢰	賴

굳게 믿고 의지하다.

물놀이 사고 속출 지역!
수심이 깊으니
주의하세요.

내가 신뢰할 것은
이 튜브뿐이군.

표지판에 적힌 경고를
간과하면 안 돼. 물놀이는
다음에 하자.

수심

물	수	水
깊다	심	深

강이나 바다, 호수 따위의 물
의 깊이

간과

보다	간	看
지나다	과	過

큰 관심 없이 대강 보아 넘기
다.

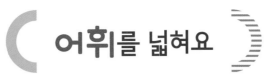
01 밑줄 그은 내용과 바꾸어 쓸 수 있는 어휘를 빈칸에 쓰시오.

1 이번 사건의 심각성을 <u>대강 보아 넘기면</u> 안 된다.

↳ ☐☐ 하면

2 갑자기 추워진 날씨 때문에 감기 환자들이 <u>잇따라</u> 나오고 있다.

↳ ☐☐ 하고

02 밑줄 그은 어휘와 뜻이 비슷한 어휘를 골라 ○표를 하시오.

나는 허풍이 심하고 거짓말을 잘하는 민수를 <u>신뢰할</u> 수가 없다.

| 믿을 | 피할 | 의심할 | 이해할 |

03 밑줄 그은 어휘가 어떤 뜻으로 쓰였는지 알맞게 선으로 이으시오.

1 엄마는 <u>수심</u>이 가득한 얼굴로 한숨을 쉬셨다. ・

・㉠ 물의 깊이

2 이 계곡은 <u>수심</u>이 얕아 어린이들이 놀기에 좋다. ・

・㉡ 매우 근심하다. 또는 그런 마음

04 '신(信)' 자가 들어간 **보기**의 어휘 중 빈칸에 알맞은 어휘를 골라 쓰시오.

보기
확신(굳다 確, 믿다 信)　　　배신(배반하다 背, 믿다 信)

1 나는 이번 경기에서 우리 팀이 우승할 것이라 ☐☐☐ 한다.

2 우정이란 서로 끝까지 믿어 주고 ☐☐☐ 하지 않는 것이다.

05 보기를 보고, 밑줄 그은 어휘의 발음으로 바른 것을 골라 ○표를 하시오.

> 보기
>
> 어휘에서 앞 글자의 받침 'ㄴ'이 뒷 글자의 첫소리 'ㄹ'과 만나면 'ㄴ'은 [ㄹ]로 소리가 난다.
>
> 신라 → [실라]

1 방 가운데에 난로[난노 | 난로 | 날로]를 놓다.

2 반장은 늘 성실해서 더욱 신뢰[신뇌 | 신뢰 | 실뢰]가 간다.

3 지리산은 전라도[전나도 | 전라도 | 절라도]와 경상도 사이에 있다.

06 밑줄 그은 속담의 뜻으로 알맞은 것은? [✎]

> 지호: 큰일 났어. 이가 아파도 괜찮겠거니 하고 그냥 내버려 두었는데, 이번에 치과에 갔더니 이가 다 썩어서 치료비가 백만 원이라지 뭐야.
>
> 유리: "호미로 막을 것을 가래로 막는다"라고 하잖아. 작은 충치라고 간과하더니, 바로 치과에 갔으면 쉽게 해결되었을 일을 그냥 내버려 두었다가 치료비만 커졌구나.

① 사람도 어려움을 겪고 나면 더 강해진다.

② 갈수록 더욱 어렵고 곤란한 일만 생긴다.

③ 일을 미리 처리하지 않다가 나중에 큰 힘을 들이게 된다.

④ 잘 아는 일이라도 꼼꼼하게 확인하고 조심해서 해야 한다.

⑤ 작은 나쁜 짓도 자꾸 하게 되면 더 큰 잘못을 저지르게 된다.

07 밑줄 그은 부분에 들어갈 한자 성어로 알맞은 것에 ✓표를 하시오.

> 이 한자 성어는 어떤 일이나 사람에 대해 어느 정도 믿기는 하지만 확실히 믿지 못하고 의심하는 경우에 사용한다. 예를 들어 '네가 자신 있다고 해도 ＿＿＿＿＿＿＿＿＿＿ 했는데, 이렇게 상을 받아오니 정말 기쁘구나.'라고 쓴다.

☐ 반신반의(半信半疑)	☐ 소탐대실(小貪大失)	☐ 황당무계(荒唐無稽)
반은 믿고 반은 의심한다.	작은 것을 욕심내다가 큰 것을 잃다.	말이나 행동 따위가 진실되지 않고 터무니없다.

08~10 다음 글을 읽고, 물음에 답하시오.   수학 연산

옛날 한 장군이 병사들을 이끌고 전투 장소로 이동하던 중 강을 건너게 되었다. 장군이 마을 사람들에게 강의 평균 수심이 얼마냐고 묻자 마을 사람들은 140센티미터라고 대답했다. 병사들의 키는 모두 170센티미터 이상이었고, 장군은 병사들의 키가 강의 평균 수심보다 크므로 병사들 모두가 강을 안전하게 건널 수 있을 것이라고 생각했다. 장군은 병사들에게 강을 건너라고 명령했다. 그런데 강을 건너다 물에 빠져 죽는 병사들이 속출했다. 강의 한가운데 수심이 병사들의 키보다 훨씬 깊다는 사실을 간과했기 때문이었다.

이야기 속 장군처럼 평균을 너무 신뢰하면 평균의 함정에 빠질 수 있다. 평균은 자료 전체의 합을 자료 개수로 나눈 값으로 자료의 중간 값을 나타내 주지만, 평균만으로는 전체를 나타낼 수 없는 경우가 많기 때문이다. 특히 평균은 자료에서 가장 크거나 작은 값에 많은 영향을 받기 때문에 평균값만 따지면 자료의 정보를 잘못 파악할 수 있다. 따라서 평균의 함정에 빠지지 않으려면 자료에서 평균값과 함께 가장 크거나 작은 값을 꼼꼼히 살펴보아야 한다.

08 이 글의 핵심 내용을 파악하여 빈칸에 공통으로 들어갈 알맞은 말을 쓰시오.

{ [   ]의 함정에 빠진 사례와 [   ]의 함정에 빠지지 않는 방법 }

09 병사들이 물에 빠져 죽은 까닭으로 알맞은 것은?   [   ]

① 병사들이 대부분 허약했기 때문이다.
② 강의 평균 수심이 170센티미터를 넘었기 때문이다.
③ 병사들의 키가 강의 평균 수심보다 작았기 때문이다.
④ 강의 한가운데 수심이 병사들의 키보다 훨씬 깊었기 때문이다.
⑤ 비가 많이 내려 강의 평균 수심이 평소보다 깊어졌기 때문이다.

10 이 글을 읽고 깨달은 점을 알맞지 <u>않게</u> 말한 사람을 쓰시오.

민희: 평균을 너무 믿으면 평균의 함정에 빠질 수 있어.
선경: 평균만 잘 살펴도 자료를 정확하게 파악할 수 있구나.
진우: 평균의 함정에 빠지지 않으려면 자료에서 가장 크거나 작은 값도 살펴봐야 해.

[   ]

과학 몸

20 우리 몸에 사는 세균

증상

증세	증	症
모양	상	狀

병을 앓을 때 나타나는 여러 가지 상태나 모양

면역력

벗어나다	면	免
전염병	역	疫
힘	력	力

몸밖에서 들어온 병균을 이겨 내는 힘

일으키다

어떠한 증상이나 병을 생겨 나게 하다.

회복

돌아오다	회	回
되돌리다	복	復

원래의 상태로 돌이키거나 원래의 상태를 되찾다.

84

01 밑줄 그은 어휘의 뜻에 맞는 말을 괄호 안에서 골라 ○표를 하시오.

1 휴식을 충분히 취한 뒤로 건강이 <u>회복</u>되었다.

→ 뜻 원래의 상태를 (되찾다 | 되찾지 못하다).

2 규칙적인 생활 습관만으로도 <u>면역력</u>을 높일 수있다.

→ 뜻 몸밖에서 들어온 병균을 (키워 내는 | 이겨 내는) 힘

02 밑줄 그은 어휘가 어떤 뜻으로 쓰였는지 알맞게 선으로 이으시오.

1 누나가 넘어진 동생을 <u>일으키다</u>. • • ㉠ 몸을 일어나게 하다.

2 상한 음식이 배탈을 <u>일으키다</u>. • • ㉡ 어떤 일을 벌이거나 터뜨리다.

3 아이들이 한바탕 소동을 <u>일으키다</u>. • • ㉢ 어떠한 증상이나 병을 생겨나게 하다.

03 밑줄 그은 어휘와 뜻이 비슷한 어휘를 골라 ✓표를 하시오.

추운 곳에 오래 있었더니 감기 <u>증상</u>이 더 심해졌다.

☐ 증명　　☐ 증세　　☐ 갈증　　☐ 증거

04 뜻과 예문을 보고, 빈칸에 들어갈 알맞은 글자를 쓰시오.

1 회 (돌아오다 回) + ☐ { 뜻 물체 자체가 빙빙 돌다.
예문 팽이가 제자리에서 _____하고 있다.

2 복 (되돌리다 復) + ☐ { 뜻 과거의 모양, 정치, 사상, 제도, 풍습 따위로 돌아가다.
예문 요즘 _____ 바람이 불어 1990년대의 노래, 패션이 유행하고 있다.

05 보기를 보고, 밑줄 그은 부분의 뜻이 중복되지 않게 고쳐 쓰시오.

보기

'건강을 다시 회복하다.'라는 문장은 뜻이 같은 말을 불필요하게 반복하여 사용하고 있다. '회복'은 '원래의 상태를 되찾다.'라는 뜻으로 '되찾다(다시 찾다)'에 이미 '다시'라는 뜻이 들어 있으므로 아래와 같이 고쳐 쓰는 것이 좋다.

예 건강을 다시 회복하다. → 다시 찾다 , 회복하다

1 영화표를 미리 예매하다. → 미리 사 두다 , [　　　]

2 사과가 거의 대부분 썩었다. → 거의 , [　　　]

3 새로 신제품이 나와서 구경하러 갔다. → 새로운 제품 , [　　　]

06 밑줄 그은 부분에 공통으로 들어갈 관용 표현으로 알맞은 것은?　[✎　　]

- 케이팝이 전 세계 아이돌 문화에 ＿＿＿＿＿＿＿＿＿＿＿.
- 새로운 게임이 반 친구들 사이에서 ＿＿＿＿＿＿＿＿＿＿＿.

① 바람이 들다　　② 바람을 잡다　　③ 바람을 쐬다
④ 바람이 나가다　　⑤ 바람을 일으키다

07 다음 한자 성어를 사용하는 상황으로 알맞지 않은 것은?　[✎　　]

起	死	回	生
일어나다 기	죽다 사	돌아오다 회	살다 생

'기사회생'은 '거의 죽을 뻔하다가 살아나다.'의 뜻으로 죽음과 같은 큰 위기에서 기적처럼 회복하거나 살아남은 경우를 이른다.

① 교통사고로 크게 다친 친구가 의식을 되찾은 경우
② 사업에 실패하여 진 빚도 많은데 큰 병에 걸린 경우
③ 망하기 직전의 문구점이 갑자기 인기를 끌며 살아난 경우
④ 경기 시간 내내 지고 있다가 종료 직전에 골을 넣어 이긴 경우
⑤ 인기가 없어 방송계를 떠났던 연예인이 영화 한 편으로 다시 일어선 경우

08~10 다음 글을 읽고, 물음에 답하시오. 　　과학 **몸**

세균은 살기에 적절한 조건이 되면 짧은 시간 안에 많은 수로 늘어날 수 있어서 사람을 비롯한 다른 생물에게 질병을 일으키기도 한다. 질병을 일으키는 세균에는 결핵균, 파상풍균, 콜레라균 등이 있다. 세균은 우리 주변 어느 곳에나 있고, 심지어 사람의 몸속에도 살고 있다.

사람의 몸속에 있는 장(腸)은 우리가 먹은 음식을 소화하고 흡수하며 필요 없는 것들을 내보내는 일을 한다. 장은 영양분이 풍부하고 적당한 온도가 유지되기 때문에 세균이 살기에 좋은 환경이다. 그래서 장에는 100조 마리가 넘는 세균이 살고 있고, 이 세균을 모두 합치면 무게가 1~1.5킬로그램이나 된다고 한다. 장 속 세균 중에는 질병을 일으키는 유해균뿐만 아니라 면역력을 높여 건강에 도움을 주는 유익균도 있다. 유익균보다 유해균이 많으면 설사와 변비를 반복하고 방귀 냄새가 독하며 속이 더부룩한 증상이 나타난다. 장 건강을 회복하고 유익균을 늘리려면 곡물과 채소 등을 충분히 먹는 것이 좋다.

08 이 글의 핵심 내용을 파악하여 빈칸에 들어갈 알맞은 말을 쓰시오.

장에 사는 ☐☐

09 이 글의 내용으로 알맞지 <u>않은</u> 것은?　　[✎　　]

① 장은 세균이 살기 힘든 환경이다.
② 장에는 많은 수의 세균이 살고 있다.
③ 장 속 세균에는 유익균과 유해균이 있다.
④ 세균은 사람에게 질병을 일으키기도 한다.
⑤ 세균은 짧은 시간 안에 많은 수로 늘어날 수 있다.

10 이 글을 읽고 알맞은 반응을 보인 사람을 쓰시오.

지효: 곡물과 채소를 충분히 먹어야 면역력도 좋아지겠구나.
창민: 장에 사는 세균을 모두 없애야 건강을 유지할 수 있겠구나.

[✎　　]

실력 확인 1회

1-3 뜻에 알맞은 어휘를 보기 에서 골라 쓰시오.

보기
| 자재 | 착취 | 형상 | 대가 | 실업자 |

1 [　　　] : 사물의 생긴 모양이나 상태

2 [　　　] : 무엇을 만들기 위한 기본적인 재료

3 [　　　] : 일을 하고 그에 대한 값으로 받는 돈

4-5 어휘에 알맞은 뜻을 골라 선으로 이으시오.

4 대체 •

　• ㉠ 대신할 만한 것으로 바꾸다.

　• ㉡ 사람이나 물건을 알맞은 자리에 나누어 두다.

5 분쇄 •

　• ㉠ 시간이나 거리를 본래보다 길게 늘리다.

　• ㉡ 단단한 물체를 가루처럼 잘게 부스러뜨리다.

6 밑줄 그은 어휘의 뜻으로 알맞은 것은? [✎　　]

민지는 이번 시험에 꼭 합격하겠다고 <u>각오</u>를 다졌다.

① 미루어 생각하여 결정하다.
② 정성이나 노력을 한곳으로 모으다.
③ 필요한 것을 준비하거나 헤아려서 갖추다.
④ 가볍게 여길 수 없을 만큼 매우 크고 중요하게 여기다.
⑤ 앞으로 해야 할 일이나 겪을 일에 대한 마음의 준비를 하다.

7 어휘의 뜻으로 알맞지 <u>않은</u> 것은?　[✎　　]

① 적정: 정도가 알맞고 바르다.

② 항해: 배를 타고 바다 위를 다니다.

③ 마비: 본래의 기능이 느려지거나 멈추다.

④ 길잡이: 길을 안내해 주는 사람이나 사물

⑤ 의존: 어떠한 현상이나 행동을 일으키거나 영향을 미치다.

8 빈칸에 공통으로 들어갈 어휘로 알맞은 것은?　[✎　　]

> • 유명 기업에서 신제품을 사람들에게 (　　　　　).
> • 이번 박람회는 우리 회사의 제품을 (　　　　　) 좋은 기회이다.

① 수월하다　　　　② 선보이다　　　　③ 일으키다

④ 세세하다　　　　⑤ 감상하다

9 밑줄 그은 어휘가 문장에 어울리지 <u>않는</u> 것은?　[✎　　]

① 태풍의 <u>위력</u>으로 나무가 뿌리째 뽑혔다.

② 우리 동네 땅은 <u>기름져서</u> 밭농사가 잘된다.

③ 사장은 직원을 <u>침해하여</u> 모든 회사 일을 맡겼다.

④ 오징어가 잘 잡히지 않아 오징어 <u>시세</u>가 많이 올랐다.

⑤ 꼬리를 흔드는 강아지의 행동을 보면 강아지의 기분을 <u>유추할</u> 수 있다.

10-11 문장에 알맞은 어휘를 골라 ✔표를 하시오.

10 이번 광복절 기념식은 실내에서　☐ 거행했다.
　　　　　　　　　　　　　　　　　　☐ 지지했다.

11 교통사고를 겪은 뒤에는 작은 통증이라도　☐ 간과하지　말고 검사해 보자.
　　　　　　　　　　　　　　　　　　　　　☐ 추정하지

12 뜻이 비슷한 어휘끼리 짝 지은 것은? [✎   ]

① 대량, 소량   ② 재난, 재앙   ③ 손실, 이익
④ 덮다, 벗기다   ⑤ 배분하다, 합치다

13 밑줄 그은 어휘와 바꾸어 쓸 수 있는 것은? [✎   ]

> 시간이 오래 흘러도 할머니의 뛰어난 음식 솜씨는 <u>한결같다</u>.

① 다르다   ② 이상하다   ③ 변함없다
④ 변덕스럽다   ⑤ 들쑥날쑥하다

14 뜻이 반대인 어휘끼리 짝 지은 것은? [✎   ]

① 치유, 치료   ② 증상, 증세   ③ 쓰다, 저술하다
④ 약하다, 견고하다   ⑤ 맞서다, 대항하다

(15-17) 괄호 안에 들어갈 알맞은 어휘를 골라 선으로 이으시오.

15 인터넷상에서 글을 올릴 때에는 상대를 (   )하지 않고 예의를 지켜야 한다. •   • 구비

16 인공 지능은 사람의 말하는 능력, 생각하는 능력, 학습하는 능력 등을 (   )한 컴퓨터 시스템을 말한다. •   • 비방

17 통계청은 우리나라에서 태어나는 아이의 수는 점점 줄어들고, 노인 인구는 늘어날 것으로 (   )하고 있다. •   • 전망

관용어 · 속담 · 한자 성어

18 밑줄 그은 관용어의 뜻으로 알맞은 것은?   [✎   ]

> 이 음식점은 청결을 <u>앞에 내세워</u> 인기를 끌었다.

① 앞으로 해야 할 일들이 많이 남아 있다.
② 신중하게 생각하지 않고 마구 행동하다.
③ 욕심이 나거나 정신이 팔려 판단력이 흐리다.
④ 마음에 조금의 모자람이 없을 정도로 만족하다.
⑤ 다른 것보다 더 두드러지게 드러내 놓거나 중요하게 여기다.

19 다음 속담에서 얻을 수 있는 교훈으로 알맞은 것은?   [✎   ]

> ### 세 치 혀가 사람 잡는다
>
> '치'는 길이를 재는 단위이다. 한 치는 약 3센티미터이며 세 치는 약 9센티미터이다. 이 속담은 혀의 길이는 짧지만, 이 혀를 이용해 잘못 말하면 사람이 죽게 될 수도 있다는 뜻이다. 말을 함부로 하면 안 된다는 의미로 사용한다.

① 다른 사람의 의견을 잘 듣자.
② 내 생각을 적극적으로 표현하자.
③ 근거를 들어 말을 조리 있게 하자.
④ 다른 사람을 함부로 비방하지 말자.
⑤ 생각 없이 다른 사람을 따라하지 말자.

20 한자 성어 설명에서 괄호 안에 들어갈 어휘로 알맞은 것은?

좌정관천	
앉다	좌(坐)
우물	정(井)
보다	관(觀)
하늘	천(天)

이 한자 성어는 우물 속에 앉아서 하늘을 본다는 뜻이다. 우물은 물을 긷기 위해 땅을 깊숙이 파서 만든 시설로 크기가 크지 않다. 좁은 우물 속에 앉아서 하늘을 보면 하늘이 우물 크기만큼만 보여서 넓은 하늘이 있는 것을 알지 못할 것이다. '좌정관천'은 사람의 (   )이 매우 좁아 세상일의 형편을 잘 알지 못하는 것을 뜻하는 말이다.

① 마음
② 노력
③ 견문
④ 자부심
⑤ 자긍심

1-2 어휘에 알맞은 뜻을 골라 선으로 이으시오.

1 진압 •

• ㉠ 강제로 억눌러 가라앉히다.

• ㉡ 지지 않으려고 맞서서 버티다.

2 감상 •

• ㉠ 마음속에 일어나는 느낌이나 생각

• ㉡ 보고 들은 경험이나 이를 통해 얻은 지식

3 밑줄 그은 어휘의 뜻으로 알맞은 것은?

이 횡단보도에는 신호등이 없어 교통사고가 빈번하다.

① 대신할 만한 것으로 바꾸다.
② 처음부터 끝까지 변함없이 꼭 같다.
③ 어떤 일이나 현상이 일어나는 횟수가 매우 많다.
④ 원래의 상태로 돌이키거나 원래의 상태를 되찾다.
⑤ 어떠한 현상이나 행동을 일으키거나 영향을 미치다.

4-6 뜻에 알맞은 어휘를 보기 에서 골라 쓰시오.

보기

근본 증상 면역력 형상 분출

4 [　　　] : 사물의 본질이나 본바탕

5 [　　　] : 몸 밖에서 들어온 병균을 이겨 내는 힘

6 [　　　] : 액체나 기체 상태의 물질이 솟구쳐서 뿜어져 나오다.

7 어휘의 뜻으로 알맞지 <u>않은</u> 것은? [✎   ]

① 일정: 정해진 기간 동안 해야 할 일
② 순국: 의식이나 행사 따위를 치르다.
③ 수심: 강이나 바다, 호수 따위의 물의 깊이
④ 독창적: 예전에 없던 것을 처음으로 만들어 내거나 생각해 내는 것
⑤ 제재: 법이나 규정을 어겼을 때 벌을 주거나 그 행동을 못하게 하다.

8-9 문장에 알맞은 어휘를 골라 ✓표를 하시오.

8 태극기와 무궁화는 우리나라를
☐ 전망한다.
☐ 상징한다.

9 같은 과일이라도 크기와 맛에 따라 가격을 다르게
☐ 매긴다.
☐ 구비한다.

10 밑줄 그은 어휘가 문장에 어울리지 <u>않는</u> 것은? [✎   ]

① 비가 많이 내려 웅덩이에 빗물이 <u>고였다</u>.
② 자다가 추워서 이불을 <u>끌어당겨서</u> 덮었다.
③ 가게 주인은 직원에게 월급을 <u>배치하였다</u>.
④ 사람들은 갯벌을 <u>파헤쳐서</u> 바지락을 캤다.
⑤ 우리는 할아버지께 들은 이야기를 비밀에 <u>부쳤다</u>.

11 괄호 안에 공통으로 들어갈 어휘로 알맞은 것은? [✎   ]

- 자료가 사라져서 기억에 (   )하여 내용을 떠올리는 수밖에 없다.
- 아프리카의 몇몇 국가는 농사를 지을 땅이나 기술이 부족하여 수입하는 식량에 (   ) 하고 있다.

① 신뢰   ② 간과   ③ 중시
④ 비례   ⑤ 의존

12-14 괄호 안에 들어갈 알맞은 어휘를 골라 선으로 이으시오.

12 우리나라는 1980년대 중반에 저출산 사회, 2000년대에 고령화 사회에 (   )했다. •

• 진입

13 북극은 너무 추워서 그 무엇도 (   )할 수 없을 것 같지만 북극곰, 북극여우, 토끼 등이 살고 있다. •

• 연장

14 북두칠성의 국자 모양 끝부분에 있는 별 두 개를 선으로 연결하고, 그 선을 다섯 배 (   )하면 그곳에서 북극성을 찾을 수 있다. •

• 생존

15 밑줄 그은 어휘와 바꾸어 쓸 수 <u>없는</u> 것은? [✐   ]

우리는 그가 교복을 입고 있어서 학생일 것이라고 <u>추정했다</u>.

① 예측했다　　　　② 예상했다　　　　③ 속출했다
④ 짐작했다　　　　⑤ 생각했다

16 뜻이 반대인 어휘끼리 짝 지은 것은? [✐   ]

① 규범, 규칙　　　　② 유출, 유입　　　　③ 갖추다, 마련하다
④ 모으다, 비축하다　　⑤ 유추하다, 추측하다

17 뜻이 비슷한 어휘끼리 짝 지은 것은? [✐   ]

① 자율, 강제　　　　② 자부심, 자긍심　　　③ 실업자, 직업인
④ 드물다, 빈번하다　　⑤ 끊임없다, 끊어지다

관용어 · 속담 · 한자 성어

18 다음 설명에 맞는 관용어로 알맞은 것은?   [✎]

> 이 관용어는 '무엇을 이루기 위해 노력과 정성을 기울이다.'라는 뜻이다.
> → 예 나비 박사 석주명은 _____ 밤낮으로 나비에 대해 연구했다.

① 손이 크다   ② 길눈이 밝다
③ 마음이 통하다   ④ 바가지를 쓰다
⑤ 머리를 싸매다

19 다음 속담의 뜻으로 알맞은 것은?   [✎]

> "옥에도 티가 있다"라는 속담에서 '옥'은 연한 녹색이나 회색을 띠는 보석, '티'는 조그마한 흠
> 을 뜻한다. 이 속담은 아무리 좋은 보석에도 흠이 있다는 말로 '_____'
> 라는 뜻을 지닌다.

① 완벽한 사람은 작은 흠도 없다.
② 자신의 흠을 알고 고치려고 노력해야 한다.
③ 현명한 사람은 자신의 흠을 장점으로 만든다.
④ 다른 사람의 흠을 갖고 함부로 말하면 안 된다.
⑤ 아무리 훌륭한 사람도 세세하게 따지면 작은 흠은 있다.

20 한자 성어 설명에서 괄호 안에 들어갈 어휘로 알맞은 것은?

청천벽력	
푸르다	청(靑)
하늘	천(天)
벼락	벽(霹)
벼락	력(靂)

이 한자 성어는 맑게 갠 푸른 하늘에서 치는 날벼락이라는 뜻이다. 날벼락은 '느닷없이 치는 벼락'이라는 뜻으로 맑은 날씨에 벼락이 치는 것은 매우 갑작스럽고 좋지 않은 일이다. 그래서 '청천벽력'은 뜻밖에 일어난 큰 사건이나 (   )을 가리킨다.

① 행운   ② 바람   ③ 장난
④ 규범   ⑤ 재난

memo

정답과 해설
QR 코드

완자

공부력

정답과 해설

어
휘

✕

초등 전과목

4 B
3-4학년

 책 속의 가접 별책 (특허 제 0557442호)

'정답과 해설'은 진도책에서 쉽게 분리할 수 있도록 제작되었으므로
유통 과정에서 분리될 수 있으나 파본이 아닌 정상 제품입니다.

우리는 남다른 상상과 혁신으로
교육 문화의 새로운 전형을 만들어
모든 이의 행복한 경험과 성장에 기여한다

ABOVE IMAGINATION

우리는 남다른 상상과 혁신으로
교육 문화의 새로운 전형을 만들어
모든 이의 행복한 경험과 성장에 기여한다

완자 공부력

초등 전과목 어휘 4B

. . . .

정답과 해설

완자 공부력 가이드   2

정답   6

W 완자

완자
w 완자

공부력 가이드

완자 공부력 시리즈는
앞으로도 계속 출간될 예정입니다.

국어
맞춤법
바로 쓰기
1~2학년용
4책

쓰기력

전과목
어휘
1~6학년용
12책

전과목
한자
어휘
1~6학년용
12책

영어
파닉스
1~2학년용
2책

영어
영단어
3~6학년용
8책

어휘력

국어
독해
1~6학년용
12책

한국사
독해
인물편
3~6학년용
4책

한국사
독해
시대편
3~6학년용
4책

독해력

수학
계산
1~6학년용
12책

계산력

완자 공부력 시리즈로 공부 근육을 키워요!

매일 성장하는
초등 자기개발서
ⓦ 완자
공부력

학습의 기초가 되는 읽기, 쓰기, 셈하기와 관련된
공부력을 키워야 여러 교과를 터득하기 쉬워집니다.
또한 어휘력과 독해력, 쓰기력, 계산력을 바탕으로 한
'공부력'은 자기주도 학습으로 상당한 단계까지 올라갈 수
있는 밑바탕이 되어 줍니다. 그래서 매일 꾸준한 학습이
가능한 '완자 공부력 시리즈'로 공부하면 자기주도 학습이
가능한 튼튼한 공부 근육을 키울 수 있을 것이라 확신합니다.

효과적인 **공부력 강화 계획**을 세워요!

○ **학년별 공부 계획**
내 학년에 맞게 꾸준하게 공부 계획을 세워요!

		1-2학년	3-4학년	5-6학년
기본	독해	국어 독해 1A 1B 2A 2B	국어 독해 3A 3B 4A 4B	국어 독해 5A 5B 6A 6B
	계산	수학 계산 1A 1B 2A 2B	수학 계산 3A 3B 4A 4B	수학 계산 5A 5B 6A 6B
	어휘	전과목 어휘 1A 1B 2A 2B	전과목 어휘 3A 3B 4A 4B	전과목 어휘 5A 5B 6A 6B
		파닉스 1 2	영단어 3A 3B 4A 4B	영단어 5A 5B 6A 6B
확장	어휘	전과목 한자 어휘 1A 1B 2A 2B	전과목 한자 어휘 3A 3B 4A 4B	전과목 한자 어휘 5A 5B 6A 6B
	쓰기	맞춤법 바로 쓰기 1A 1B 2A 2B		
	독해		한국사 독해 인물편 1 2 3 4	
			한국사 독해 시대편 1 2 3 4	

○ 시기별 공부 계획

학기 중에는 **기본**, 방학 중에는 **기본 + 확장**으로 공부 계획을 세워요!

방학 중			
학기 중			
기본			확장
독해	계산	어휘	어휘, 쓰기, 독해
국어 독해	수학 계산	전과목 어휘 파닉스(1~2학년) 영단어(3~6학년)	전과목 한자 어휘 맞춤법 바로 쓰기(1~2학년) 한국사 독해(3~6학년)

예시 **초1 학기 중 공부 계획표** 주 5일 하루 3과목 (45분)

월	화	수	목	금
국어 독해	국어 독해	국어 독해	국어 독해	국어 독해
수학 계산	수학 계산	수학 계산	수학 계산	수학 계산
전과목 어휘	파닉스	전과목 어휘	전과목 어휘	파닉스

예시 **초4 방학 중 공부 계획표** 주 5일 하루 4과목 (60분)

월	화	수	목	금
국어 독해	국어 독해	국어 독해	국어 독해	국어 독해
수학 계산	수학 계산	수학 계산	수학 계산	수학 계산
전과목 어휘	영단어	전과목 어휘	전과목 어휘	영단어
한국사 독해 인물편	전과목 한자 어휘	한국사 독해 인물편	전과목 한자 어휘	한국사 독해 인물편

01

과학 생물

북극에서도 끄떡없어

01 생존

02 (손해) | 수익 | 보상   책임 | 손상 | (이익)

03 ☑ 빼내

💬 '쟁이다'는 '물건을 차곡차곡 포개어 쌓아 두다.'라는 뜻으로 '비축'과 뜻이 비슷하다.

04 **1** ㉡   **2** ㉠

05 **1** [(베개) / 베게]   **2** [대리고 / (데리고)]   **3** [도대채 / (도대체)]   **4** [파해쳐 / (파헤쳐)]

💬 **1** '잠을 자거나 누울 때 머리를 괴는 물건'이라는 뜻을 지닌 어휘의 바른 표기는 '베개'이다.
     2 '어떤 사람을 자기와 함께 있게 하다.'라는 뜻을 지닌 어휘의 바른 표기는 '데리다'이다.
     3 '놀람, 걱정, 궁금한 심정 등을 나타내는 말'이라는 뜻을 지닌 어휘의 바른 표기는 '도대체'이다.
     4 '속에 있는 것이 드러나도록 파서 젖히다.'라는 뜻을 지닌 어휘의 바른 표기는 '파헤치다'이다.

06 ③ 바가지를 쓰다

💬 '바가지를 쓰다'는 '요금이나 물건값을 실제 가격보다 비싸게 지불하여 억울한 손해를 보다.'라는 뜻이다.
     ① 구걸하여 얻어먹는 신세가 되다.   ② 벼슬자리나 높은 자리에 오르다.
     ④ 관계하던 일이나 직장을 완전히 그만두다.   ⑤ 사태를 조금도 늦추지 않고 긴장되게 하다.

07 ④ 미리 준비가 되어 있으면 걱정할 일이 없다.

💬 베짱이는 겨울에 먹을 식량을 비축해 두지 않아서 겨울에 굶주리고 있다. '유비무환(있다 有, 갖추다 備, 없다 無, 근심 患)'은 ④의 뜻으로 개미가 베짱이에게 충고하는 상황에서 사용할 수 있다.
     ① 과유불급(過猶不及)   ② 소탐대실(小貪大失)
     ③ 살신성인(殺身成仁)   ⑤ 견물생심(見物生心)

08 북 극 에 사는 북극곰의 생존 방법

💬 이 글은 북극곰이 추운 북극에서 어떻게 생존하는지 설명하고 있다.

09 ② 하얀 피부가 체온 유지에 도움을 준다.

💬 북극곰의 피부는 검은색이어서 햇볕을 잘 흡수해 몸을 따뜻하게 한다.

10 ④ 먹잇감에게 들키지 않고 접근하여 사냥할 수 있어서

💬 북극곰의 하얀 털은 눈으로 뒤덮인 북극의 주변 환경과 색이 비슷해서 먹잇감에게 들키지 않고 가까이 다가갈 수 있다. 즉 먹이를 쉽게 구할 수 있게 도움을 준다.

02 아이는 줄고, 노인은 늘고

01 **1** ((들어서다) | 빠져나오다)   **2** (준비하다 | (결정하다))

02 ☑ 부탁해야

03 **1** ⓒ   **2** ㉠

04 **1** 진로   **2** 진행   **3** 매진

05 **1** [만드려고 / (만들려고)]   **2** [(고치려고) / 고칠려고]   **3** [(진입하려고) / 진입할려고]

   💬 **1** 만들(다) + 려고 → 만들려고
   2 고치(다) + 려고 → 고치려고
   3 진입하(다) + 려고 → 진입하려고

06 **1** ((명사) | 의존 명사)   **2** (명사 | (의존 명사))
   3 ((명사) | 의존 명사)   **4** (명사 | (의존 명사))

07 ① 하나를 보고 열을 안다

   💬 민주는 정훈이가 학교를 매일 지각하는 것을 보고 게으른 성격임을 미루어 생각할 수 있다고 했다. 이는 '일부만 보고 전체를 미루어 알 수 있다.'는 뜻의 "하나를 보고 열을 안다"라는 속담과 관련 있다.
   ② 사물을 두루 보지 못하고 미련하다.
   ③ 잘못이 분명히 드러나 변명할 길이 없다.
   ④ 아무리 뜻이 굳은 사람이라도 여러 번 권하거나 꾀고 달래면 결국은 마음이 변한다.
   ⑤ 듣기만 하는 것보다는 직접 보는 것이 확실하다.

08 저출산·고령화에 따른 우리 [사] [회] 의 변화

09 ⑤ 앞으로 태어나는 아이의 수는 줄어들고, 노인 인구는 늘어날 것으로 전망된다.

   💬 2문단의 첫 번째 문장에 통계청이 전망한 우리 사회의 모습이 나와 있다. 통계청은 우리 사회의 저출산·고령화가 계속될 것으로 전망하고 있다.

10 ② 경주: 뉴스에 아동 학대 문제가 많이 나오고 있어.

   💬 뉴스에 아동 학대 문제가 많이 등장하는 것은 태어나는 아이의 수가 줄어들거나 노인 인구가 많아지는 현상과 관련이 없다.
   ①, ④ 저출산 사회에서 볼 수 있는 모습이다.
   ③, ⑤ 고령화 사회에서 볼 수 있는 모습이다.

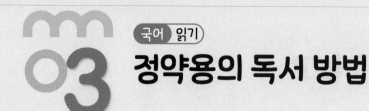

01 중시

02 **1** 읽다 | (쓰다) | 말하다   **2** 간추리다 | 간단하다 | (자세하다)

03 ☑ 남다르다

04 **1** 세심   **2** 세부

05 **1** [장대같은 / (장대 같은)]   **2** [(감쪽같아서) / 감쪽 같아서]   **3** [(한결같은) / 한결 같은]

💬 **1** 이 문장에서 '같다'는 '다른 것과 비교하여 그것과 다르지 않다.'라는 뜻으로 쓰여 '장대'와 '같다'는 띄어 쓴다.
💬 **2** '감쪽같다'는 '꾸미거나 고친 것이 전혀 알아챌 수 없을 정도로 티가 나지 않다.'는 뜻의 한 어휘이다.
💬 **3** '한결같다'는 '처음부터 끝까지 변함없이 꼭 같다.'는 뜻의 한 어휘이다.

06 ☑ 앞에 내세우다

💬 '앞에 내세우다'는 '다른 것보다 더 두드러지게 드러내 놓거나 중요하게 여기다.'라는 뜻이다.
• 앞뒤를 재다: 어떤 일을 할 때 자신의 이익과 손해를 신중하게 따지고 이것저것 계산하다.
• 앞뒤를 가리지 않다: 신중하게 이것저것 생각하지 않고 마구 행동하다.

07 ② 옥에도 티가 있다

💬 ②는 '아무리 훌륭한 사람 또는 좋은 물건이라 해도 세세하게 따지고 보면 작은 흠은 있다.'라는 뜻의 속담으로 밑줄 그은 부분에 들어가기에 알맞다.
① 무엇을 다루는 데 매우 애지중지하다.
③ 생각이나 관심이 다른 곳으로 향하다.
④ 아무리 어떤 것에 뛰어나도 더 뛰어난 사람이 있으니 자만하면 안 된다.
⑤ 아무런 능력이 없어 보이는 사람도 잘하는 것이 한 가지는 있다.

08 정약용이 책을 읽을 때 실천한 세 가지 [독] [서] 방법

09 ④ 정약용은 책을 세세하게 읽는 것보다 많이 읽는 것이 중요하다고 생각했다.

💬 2문단의 '첫째는 ~ 내용도 있다.' 부분에서 정약용이 책을 꼼꼼하고 세세하게 읽는 것을 중시했음을 알 수 있다.

10 혜정

💬 은지는 책을 꼼꼼하고 세세하게 읽는 방법, 솔아는 책을 읽다가 생긴 질문이나 깨달은 내용을 기록하는 방법과 관련 있는 내용을 말했다.

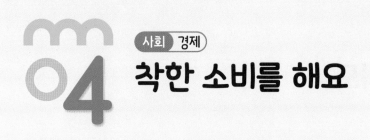

01 적정

02 **1** ⟨주다⟩ | 사다 | 받다   **2** ⟨빼앗다⟩ | 보태다 | 다스리다

03 **1** ㉡   **2** ㉠

04 **1** 급식   **2** 급수

05 **1** 사용되다   **2** 제거되다

> **1** 사용되다: 일정한 목적이나 기능에 맞게 쓰이다.
> **2** 제거되다: 없어지게 되다.

06 ③ 생일도 아닌데 갑자기 누나에게 최신 핸드폰을 선물로 받은 경우

> 속담 "되로 주고 말로 받는다"는 긍정적인 상황뿐 아니라 누군가를 골탕 먹였다가 오히려 더 크게 앙갚음을 당하거나, 남을 속여서 이익을 얻으려다가 도리어 손해를 보는 경우에 사용할 수 있다. ③은 뜻밖에 좋은 물건을 얻거나 행운을 만난 상황이므로 "호박이 넝쿨째로 굴러떨어졌다"라는 속담을 사용하는 것이 알맞다.

07 ④ 세금을 가혹하게 거두고 백성의 재물을 억지로 빼앗다.

> '가렴주구(苛斂誅求)'의 뜻은 ④와 같다.
> ① '고진감래(苦盡甘來)'의 뜻이다.
> ② '대경실색(大驚失色)'의 뜻이다.
> ③ '삼순구식(三旬九食)'의 뜻이다.
> ⑤ '악전고투(惡戰苦鬪)'의 뜻이다.

08 생산자의 정당한 이익을 위한 │공│정│무│역│

> 이 글은 초콜릿이 어떤 과정을 거쳐 만들어지는지 소개하며 아프리카 카카오 농장에서 일하는 노동자의 현실에 대해 밝히고 있다. 그다음 공정 무역이 필요한 까닭을 설명하고, 공정 무역 상품을 이용하자고 말하고 있다.

09 ⑤ 기업이 카카오 농장에서 너무 싼값에 카카오를 수입하는 일

> 글쓴이는 기업이 초콜릿의 원료인 카카오를 너무 싼값에 수입해서 그 영향으로 카카오 농장의 노동자가 제대로 된 대가를 지급받지 못하는 일을 문제로 보고 있다.

10 ⑤ 앞으로는 공정 무역으로 만든 상품을 사도록 해야겠어.

> 공정 무역을 해서 생산자에게 정당한 대가가 돌아가면, 노동자는 보다 나은 환경에서 일하며 제대로 된 대가를 받을 수 있다. 그러므로 공정 무역으로 만든 상품을 이용하는 것이 좋다.

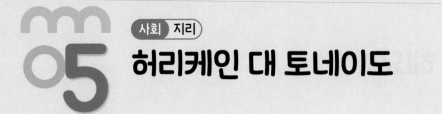

01
1 (크고 강한 | 작고 약한)   **2** (적다 | 많다)

02
1 ㉡   **2** ㉠

03
☑ 추궁

💬 '추궁'은 '잘못한 일에 대하여 엄하게 따져서 밝히다.'라는 뜻이다.

04
1 도   **2** 식

05
③ 시골 기차역에는 기차가 <u>드물게</u> 다닌다. → 뜻 어떤 일이 흔하게 일어나다.

💬 '드물다'는 어떤 일이 '일어나는 횟수가 많지 않다.'는 뜻이다.

06
④ 가랑비에 옷 젖는 줄 모른다

💬 아주 가늘게 내리는 비인 가랑비는 조금씩 젖어 들기 때문에 옷이 젖는 줄 깨닫지 못하기 쉽다. 하지만 한참 뒤에 보면 옷이 흠뻑 젖을 수 있다. ④는 아무리 사소한 것이라도 자주 반복되면 나중에는 무시하지 못할 정도로 커져 큰 피해를 볼 수 있다는 뜻으로 수지가 한 말과 관련 있다.
① 기본이 되는 것보다 덧붙이는 것이 더 많거나 크다.
② 어떤 시련을 겪은 뒤에 더 강해지다.
③ 새로 온 사람이 원래 있던 사람을 내쫓거나 못살게 굴다.
⑤ 아무리 어려운 경우에 처하더라도 살아 나갈 방법이 생긴다.

07
③ 친구는 잘못을 하고도 큰소리를 치며 <u>청천벽력</u>으로 굴었다.

💬 ③에는 도둑이 도리어 매를 든다는 뜻으로, 잘못한 사람이 아무 잘못도 없는 사람을 나무랄 때 쓰는 말인 '적반하장(賊反荷杖)'이 어울린다. 나머지는 모두 '청천벽력'이 어울린다.

08
허리케인과 토 네 이 도 의 특징

💬 이 글은 허리케인과 토네이도의 공통점을 밝힌 뒤에 각각의 특징을 설명하고 있다.

09
① 허리케인과 토네이도를 비교해서 설명하고 있다.

💬 이 글은 허리케인과 토네이도의 공통점과 차이점을 비교하며 설명하였다.

10
1 ㉡, ㉢   **2** ㉠, ㉣

💬 ㉠, ㉣은 토네이도에 대한 설명이고, ㉡, ㉢은 허리케인에 대한 설명이다.

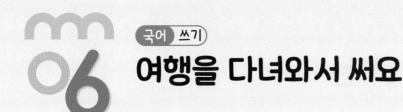

국어 쓰기

여행을 다녀와서 써요

본문 28-31쪽

01 **1** 각오 **2** 견문

02 **1** ㉠ **2** ㉡

03 **1** (느낌 | 근거 | 책임) **2** (결과 | 다짐 | 소망)

04 **1** 발견 **2** 견학

05 **1** (그동안 | 그 동안) **2** (며칠동안 | 며칠 동안)

　　3 (오랫동안 | 오랫 동안) **4** (한참동안 | 한참 동안)

　　📝 **1** '그동안'은 '다시 만나거나 연락하기 이전의 일정한 기간 동안'을 뜻하는 하나의 어휘이므로 붙여 쓴다.
　　　2 '며칠'은 '몇 날'을 뜻하는 말로 '며칠 동안'이라고 띄어 쓴다.
　　　3 '오랫동안'은 '시간상으로 썩 긴 동안'을 뜻하는 하나의 어휘이므로 붙여 쓴다.
　　　4 '한참'은 '시간이 상당히 지나는 동안'을 뜻하는 말로 '한참 동안'이라고 띄어 쓴다.

06 ㉠ 내가 만든 음식이 마음에 찼다.

　　→ 뜻 마음에 부족하게 느껴지다.

　　📝 ㉠ 마음에 차다: 마음에 조금도 모자람이 없을 정도로 만족하다.

07 ④ 고작 우리 반 1등인 네가 전국 1등처럼 우쭐거리는 모습이 좌정관천이다.

　　📝 '우리 반'이라는 좁은 세상이 전부라고 착각하고 우쭐거리는 모습이 '좌정관천'과 어울린다.
　　　① 청출어람(靑出於藍): 제자나 후배가 스승이나 선배보다 낫다.
　　　② 주경야독(晝耕夜讀): 어려운 여건 속에서도 꿋꿋이 공부하다.
　　　③ 감개무량(感慨無量): 마음속에 느끼는 감동이나 정서가 헤아릴 수 없이 크다.
　　　⑤ 대기만성(大器晩成): 크게 될 사람은 늦게 이루어진다.

08 기 행 문 을 쓰는 방법

　　📝 이 글은 기행문을 쓰면 좋은 점과 기행문을 쓰는 방법을 설명하고 있다.

09 ① 기행문은 한 가지 글 형식으로만 써야 한다.

　　📝 기행문은 생활문, 일기, 편지글, 시 등 다양한 형식으로 쓸 수 있다.

10 **1** ㉡ **2** ㉠ **3** ㉢

　　📝 ㉠은 여행지에서 간 곳인 문무 대왕릉에 대해 들은 정보이므로 '견문'이다. ㉡은 경주에서 이튿날의 일정이므로 '여
　　　정'이다. ㉢은 여행지에서 느낀 내용이므로 '감상'이다.

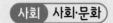
01 수월

02 1 실업자　2 구비

03 1 (쉽다) | 어렵다 | 힘들다　2 정량 | (소량) | 다량

04 1 수업　2 업적

05 ④ 현관문 비밀번호를 <u>잃어버려서</u> 집에 들어가지 못했다.

> 비밀번호를 기억해 내지 못했다는 뜻이므로 '잊다'를 써야 한다.

06 ③ 손이 크다

> 밑줄 그은 부분에는 '씀씀이가 너그럽고 크다.'는 뜻의 관용 표현인 '손이 크다'가 들어가는 것이 알맞다.
> ① 잘난 체하고 뽐내는 기세가 있다.
> ② 음식 먹는 자리에 우연히 가게 되어 먹을 복이 있다.
> ④ 음식을 적게 먹거나 가려 먹는 버릇이 있다.
> ⑤ 욕심이 나거나 정신이 팔려 판단력이 흐리다.

07 ☑ 만사형통(萬事亨通)

> 아빠의 말과 뜻이 통하는 한자 성어는 모든 일이 아무 걸림돌 없이 잘 이루어진다는 뜻의 '만사형통(일만 萬, 일 事, 잘되다 亨, 통하다 通)'이다. '요즘 하는 일마다 <u>만사형통</u>이라 기분이 좋다.'와 같이 사용한다.

08 인 공 지 능 기술이 우리에게 미치는 좋은 영향

> 이 글은 인공 지능의 뜻과 인공 지능이 발달하면 좋은 점을 말하고 있다.

09 ② 인공 지능을 개발할 때 주의할 점

> ①과 ③은 1문단에 제시되어 있다.
> ④와 ⑤는 2문단에 제시되어 있다.

10 유미

> 2문단에서 인공 지능의 발달은 인공 지능을 개발하고 관리하는 일자리를 만드는 데 도움이 될 것이라고 했다.
> 진솔의 말처럼 인공 지능이 사람이 하는 모든 일을 대체하는 것은 아니다.
> 지우의 말처럼 인공 지능이 발달하면 일상 속에서 인공 지능을 사용할 수 있어 우리 삶이 더욱 편리해질 것이다.

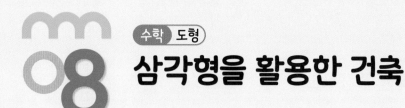

01 선보이다

02 무겁다 | 거칠다 | ⟨튼튼하다⟩   질기다 | ⟨약하다⟩ | 단단하다

03 **1** ㉠ **2** ㉡

04 ☑ 재료

> '자재'는 '무엇을 만들기 위한 기본적인 재료'라는 뜻으로 '물건을 만드는 데 들어가는 감'이라는 뜻의 '재료'와 뜻이 비슷하다.

05 ① 원(근원 原) ➡ 원자재(原資材): 건축에 쓰는 여러 가지 재료

> 원자재는 '기계로 물건을 만들어 내는 데 필요한 재료'를 뜻한다.

06 **1** 읽어 주다
2 부쳐 주다
3 먹여 주다

> **1** '읽-'에 '-어 주다'가 붙어 '읽어 주다'가 된다.
> **2** 'ㅣ' 모음과 'ㅓ' 모음이 만나면 'ㅕ'가 되므로 '부치- + -어 주다'는 '부쳐 주다'가 된다.
> **3** 'ㅣ' 모음과 'ㅓ' 모음이 만나면 'ㅕ'가 되므로 '먹이- + -어 주다'는 '먹여 주다'가 된다.

07 ④ 겉으로는 부드러워 보이나 속은 단단하고 굳세다.

> 겉으로는 순해 보이는 수진이가 용기 있게 친구를 돕기 위해 나섰다는 것에서 '외유내강(바깥 外, 부드럽다 柔, 안 內, 굳세다 剛)'이 ④의 뜻임을 알 수 있다.

08 삼 각 형 을 활용한 건축물인 지오데식 돔

> 이 글은 삼각형을 건축에 활용한 예인 지오데식 돔을 설명하고 있다.

09 ③ 지지하는 기둥을 많이 세우기 때문에 매우 튼튼하다.

> 돔 모양은 힘을 고루 분산시키기 때문에 지지하는 기둥을 세우지 않아도 무게를 잘 견딜 수 있다.

10 ㉡

> 천장이 공처럼 둥글고 표면이 삼각형으로 이루어진 구조는 ㉡이다.

01 **1** (자신 | 다른 사람)　　**2** (있던 | 없던)

02 **1** ㉡　　**2** ㉠

03 긍지

💬 '긍지'는 '떳떳하고 자랑스럽게 여기는 마음'을 뜻하는 말로 '자부심'과 뜻이 비슷하다.

04 **1** ㉠　　**2** ㉢　　**3** ㉡

05 **1** (부쳤다 | 붙였다)　　**2** (부쳤다 | 붙였다)
　　3 (부쳤다 | 붙였다)　　**4** (부치셨다 | 붙이셨다)

💬 **1** '불을 일으켜 타게 하다.'는 뜻의 '붙이다'가 어울린다.
　 2 '어떤 문제나 일을 어떤 상태에 있게 하다.'는 뜻의 '부치다'가 어울린다.
　 3 '맞닿아 떨어지지 않게 하다.'는 뜻의 '붙이다'가 어울린다.
　 4 '물건을 일정한 방법을 써서 상대에게로 보내다.'는 뜻의 '부치다'가 어울린다.

06 ④ 머리를 싸매다

💬 '머리를 싸매다'는 '무엇을 이루기 위해 노력과 정성을 기울이다.'는 뜻의 관용 표현으로 밑줄 그은 부분과 바꾸어 쓸 수 있다.
① 걱정되거나 애쓰던 일이 끝나 마음을 놓다.　　② 관심을 돌리다.
③ 굽힐 것이 없이 당당하다.　　　　　　　　　⑤ 듣고도 마음에 두지 않고 무시하다.

07 ⑤ 아래에서 올려다본 나무의 모습이 정정당당해 보였다.

💬 나무를 아래에서 올려다보면 나무가 크고 늠름해 보일 것이다. 따라서 ⑤에는 '위풍당당'이 어울린다.

08 한 글 이 만들어진 배경과 그 우수성

💬 이 글은 한글이 어떻게 만들어졌는지 소개한 다음, 한글이 만들어진 원리와 그 우수성을 설명하여 한글을 아끼고 사랑해야 함을 이야기하고 있다.

09 ② 한글은 다른 문자를 변형해서 만든 글자이다.

💬 한글은 다른 문자를 변형해서 만든 글자가 아닌, 매우 독창적인 원리로 만든 글자이다.

10 ⑤ 백성을 아끼고 사랑하는 마음

💬 세종이 글을 읽고 쓰지 못해 어려움을 겪는 백성들을 위해 훈민정음을 만들었다는 것에서 ⑤의 마음을 짐작할 수 있다.

10 길을 안내해 주는 별

본문 44-47쪽

01 항해

02 1 운전자 | 교육자 | (안내자)

  2 마음 | 형편 | (모양)

03 1 ㉡ 2 ㉠

04 1 해저 2 해외

05 1 (늘리다 | (늘이다)) 2 ((늘리다) | 늘이다) 3 ((늘리다) | 늘이다)

  1 끈 길이를 길게 하는 것이므로 '늘이다'가 알맞다.
  2 시간을 많게 하는 것이므로 '늘리다'가 알맞다.
  3 넓이를 크게 하는 것이므로 '늘리다'가 알맞다.

06 1 ㉠ 2 ㉢ 3 ㉡

07 ⑤ 각기 다른 여러 가지 모양과 빛깔

  '각양각색(각기 各, 모양 樣, 각기 各, 색 色)'은 '각기 다른 여러 가지 모양과 빛깔'을 뜻한다. '요즘은 사람들이 하고 다니는 모습들이 <u>각양각색</u>이다. / 산에는 <u>각양각색</u>의 꽃들이 피어 있다.'와 같이 사용한다.

08 북쪽 하늘에 떠 있는 별, 북 극 성

  이 글은 항상 북쪽 하늘에 떠 있는 별인 북극성을 소개하고 있다. 또 북두칠성을 이용하여 북극성을 찾는 방법, 북극성을 보고 동서남북을 찾는 방법 등을 설명하고 있다.

09 ④ 북극성은 북두칠성에 포함되어 있는 별이다.

  북극성은 작은곰자리에서 꼬리 끝부분에 있는 밝은 별이라고 했으므로 작은곰자리에 포함된다.
  ② 북극성은 항상 북쪽을 가리키기 때문에 북쪽을 알고 싶으면 밤하늘에서 북극성을 찾아보면 된다.
  ③ 큰곰자리에 포함되는 북두칠성은 큰 국자 형상으로 보이고, 북극성을 포함하는 작은곰자리는 작은 국자 형상으로 보인다.

10 ④ 북극성을 기준으로 하여 동서남북을 찾을 수 있기 때문이다.

  북극성이 항상 북쪽을 가리키고 있기 때문에 나침반이 없던 시절에는 북극성을 기준으로 하여 동서남북을 찾을 수 있었다.

11 사회 법 사회를 유지하는 힘

01 자율

02 ☑ 규명

> 빈칸에는 '규칙, 법'과 관련한 어휘가 들어가야 한다. '규명'은 '어떤 사실을 자세히 따져서 바로 밝히다.'라는 뜻으로 빈칸에 들어갈 어휘로 알맞지 않다.

03 **1** (처벌 | 감시) **2** (때때로 | 억지로)

04 **1** 자동 **2** 자신감

05 **1** (규율 | 규률) **2** (자율 | 자률)

3 (합격율 | 합격률) **4** (전율 | 전률)

> **1**, **2** '率' 앞에 오는 글자가 모음으로 끝나므로 '율'로 적어야 한다.
> **3** '率' 앞에 오는 글자가 'ㄱ' 받침으로 끝나므로 '률'로 적어야 한다.
> **4** '率' 앞에 오는 글자가 'ㄴ' 받침으로 끝나므로 '율'로 적어야 한다.

06 **1** ㉡ **2** ㉢ **3** ㉠

07 ⑤ 남보다 앞장서서 행동하여 몸소 본보기가 되다.

> 민지는 어른이 규범을 잘 지키는 본보기가 되어야 어린이도 따라서 규범을 잘 지킬 것이라는 말을 하고 있다. 여기에 쓰인 '솔선수범(따르다 率, 먼저 先, 물려주다 垂, 본보기 範)'의 뜻은 ⑤이다.
> ① '옳고 그름을 따지다.'는 '시시비비(是是非非)'의 뜻이다.
> ② '밤낮을 가리지 않고 노력하다.'는 '불철주야(不撤晝夜)'의 뜻이다.
> ③ '착한 일을 권하고 나쁜 일을 벌하다.'는 '권선징악(勸善懲惡)'의 뜻이다.
> ④ '그때그때 형편에 따라 알맞게 일을 처리하다.'는 '임기응변(臨機應變)'의 뜻이다.

08 법 의 특성과 법 을 지켜야 하는 까닭

> 이 글은 도덕과 법을 비교함으로써 법의 특성을 밝히고, 우리가 법을 지켜야 하는 이유를 설명하고 있다.

09 ② 도덕은 국가가 지키도록 요구하는 규범이다.

> 국가가 사회 구성원들에게 지키도록 요구하는 규범은 도덕이 아니라 법이다.

10 ② 다른 사람의 차에 송곳으로 흠을 냈다.

> ②는 다른 사람의 물건(차)을 상하게 하여 물질적인 피해를 입힌 행동이므로 법을 어긴 것이다.
> ①, ③, ④, ⑤는 법적인 제재를 받지 않지만 스스로 양심의 가책을 느끼거나 다른 사람의 비난을 받을 수 있는, 도덕을 어긴 행동이다.

12 어처구니와 뜬금

01 분쇄

02 1 ((물건값) | 물건의 수)   2 (내리다 | (정하다))

03 ☑ 적용할

04 1 시차   2 동시

05 1 핑핑   2 깜깜

> 1 '빙빙'은 '갑자기 정신이 자꾸 아찔해지는 모양'을 뜻하는 말로 '빙빙<삥삥<핑핑'의 차례로 크고 거친 느낌을
> 준다.
> 3 '감감'은 '어떤 사실을 전혀 모르거나 잊은 모양'을 뜻하는 말로 '감감<깜깜<캄캄'의 차례로 크고 거친 느낌을
> 준다.

06 ☑ 부르는 게 값

> '부르는 게 값'은 물건을 파는 사람이 마음대로 값을 매긴다는 뜻으로, 값이 일정하지 않고 그때그때 달라진다는 것
> 을 이른다. 워낙 물건의 가치가 높아 구하기가 힘들거나 어떤 일 때문에 물건의 가격이 지나치게 비쌀 때 주로 사용
> 한다.
> • 코 묻은 돈: 아이가 가진 적은 돈
> • 제 눈에 안경: 보잘것없는 것이라도 자기 마음에 들면 좋게 보인다.

07 ② 값이 싼 물건은 품질도 그만큼 나쁘기 마련이다.

> 값이 싼 물건은 대개 값싼 재료를 써서 만들기 때문에 품질이 좋지 않다. "싼 것이 비지떡"이라는 속담은 ②의 뜻이다.
> ① "아는 놈이 도둑놈"이라는 속담의 뜻이다.   ③ "내 물건이 좋아야 값을 받는다"라는 속담의 뜻이다.
> ④ "같은 값이면 다홍치마"라는 속담의 뜻이다.   ⑤ "값도 모르고 싸다 한다"라는 속담의 뜻이다.

08 '어처구니없다'와 ' 뜬 | 금 | 없 | 다 '라는 말의 유래

> 이 글은 '어처구니없다'와 '뜬금없다'라는 말이 생겨난 유래에 대해 설명하고 있다.

09 ⑤ '어처구니없다'는 '일이 너무 뜻밖이어서 기쁘고 즐겁다.'라는 뜻이다.

> '어처구니없다'는 '일이 너무 뜻밖이어서 기가 막히는 듯하다.'라는 뜻이다.

10 ㉠

> '어처구니없다', '뜬금없다'는 생각지 못한 일이 벌어져 황당한 상황에서 쓸 수 있다. ㉠의 상황에서는 '기운이 없다.'
> 는 뜻의 '맥없다'가 어울린다.

01 1 끌어당기다   2 작용

02 ③ 비례

03 ㉢

04 1 용도   2 사용

05 1 [차례 / (차례)]   2 [(게시판) / 계시판]   3 [비례 / (비례)]

06 1 뛰어다니다
　　2 다녀오다
　　3 날아가다

> 1 '뛰다+다니다'가 합쳐질 때에는 앞말의 '다'가 '-어'로 바뀌어 '뛰어다니다'가 된다.
> 2 '다니다+오다'가 합쳐질 때에는 앞말의 '다'가 '-어'로 바뀌어 '다니어'가 되는데, '니어'를 '녀'로 줄여서 '다녀오다'가 된다.
> 3 '날다+가다'가 합쳐질 때에는 앞말의 '다'가 '-아'로 바뀌어 '날아가다'가 된다.

07 ③ 손님들이 끊임없이 찾아오다.

> '문전성시(문 門, 앞 前, 이루다 成, 시장 市)'는 찾아오는 사람이 많아 집 문 앞이 시장을 이루다시피 함을 이르는 말이다. 이 글에서는 솔이네 식당에 손님들이 끊임없이 찾아와 가게 문 앞이 사람들로 가득 찼다는 것을 나타낸다.

08 우주선 안에서 　인　공　중　력　을 만드는 방법

> 이 글은 중력의 뜻을 제시하고 우주선 안에서 인공 중력을 만드는 방법을 설명하고 있다. 그다음 우주선에서 지구에서처럼 생활하려면 인공 중력이 끊임없이 필요하다는 것을 중력과 물체의 질량의 관계를 들어 설명하고 있다.

09 ② 중력은 물체의 질량이 작을수록 더 세진다.

> 2문단에서 중력은 물체의 질량이 클수록 더 세지며, 이것을 가리켜 '중력은 물체의 질량에 비례한다.'고 했다.

10 1 ((회전시켜) / 달리게 하여)
　　2 (안쪽 / (바깥))

> 1문단을 보면 우주선에서 인공 중력을 만드는 방법이 나와 있다.

14 이집트인이 좋아한 분수

본문 60-63쪽

01 ❶ ((나누어) | 합쳐서)   ❷ ((낮게) | 얻게)

02 ☑ 배분해

03 상징

04 ㉡

풀이 ㉡ '정치(政治)'에서 '치(治)'는 '다스리다.'라는 뜻이다.

05 ❶ (나샀다 | (나았다))

❷ (나스려면 | (나으려면))

❸ (나사서 | (나아서))

풀이 ❶ '낫다'와 모음으로 시작하는 '-았다'가 만난 경우이므로 'ㅅ' 받침이 탈락하여 '나았다'로 쓴다.
❷ '낫다'와 모음으로 시작하는 '-으려면'이 만난 경우이므로 'ㅅ' 받침이 탈락하여 '나으려면'으로 쓴다.
❸ '낫다'와 모음으로 시작하는 '-아서'가 만난 경우이므로 'ㅅ' 받침이 탈락하여 '나아서'로 쓴다.

06 ❶ ㉡   ❷ ㉠

07 ④ 어떤 것을 공평하게 골고루 배분한다

풀이 "콩도 닷 말, 팥도 닷 말"은 콩과 팥 모두 같은 분량으로 나눈다는 것으로 '어떤 것을 공평하게 골고루 배분한다.'라는 뜻이다.

08 호루스의 눈 에 담긴 단위분수 이야기

풀이 이 글은 고대 이집트에서 쓰인 단위분수를 이집트 신화인 호루스의 눈 이야기와 관련 지어 설명하고 있다.

09 ② '호루스의 눈' 그림에는 다섯 개의 단위분수가 적혀 있다.

풀이 '호루스의 눈' 그림에서 각 부분에 적힌 단위분수는 여섯 개다. 이는 호루스가 전쟁에서 왼쪽 눈이 여섯 조각이 났다는 신화에서 나온 것이다.

10 ☑ $\frac{63}{64}$

풀이 1이 되려면 $\frac{1}{64}$이 부족하다고 했으므로 ㉠에 들어갈 알맞은 수는 $1 - \frac{1}{64} = \frac{63}{64}$이다.

15 인터넷 바르게 사용하기

01 1 ((의지하여)| 도움을 주어)   2 (안으로 들어오다 |(밖으로 새어 나가다))

02 1 침해   2 의존

03 ④ 농담하는

04 1 피해   2 방해

05 1 [(끼어들지) / 끼여들지]   2 [(헐뜯고) / 헐뜻고]   3 [(새지) / 세지]

> 1 '다른 사람의 자리나 순서 등에 비집고 들어가다.'는 뜻의 어휘는 '끼어들다'이다.
> 2 '남을 해치려고 흠을 들추어내어 말하다.'는 뜻의 어휘는 '헐뜯다'이다.
> 3 '비밀이나 소문이 지켜지지 못하고 몰래 밖으로 알려지다.'는 뜻의 어휘는 '새다'이다.

06 1 | 차 | 례 | 예 | 시 |

   2 | 정 | 리 | 이 | 해 |

07 ☑ 세 치 혀가 사람 잡는다

> 이 글은 비방 댓글이 남에게 큰 고통을 줄 수 있으니 이러한 글을 쓰지 말자고 말하고 있다. '한 치'는 약 3센티미터로, "세 치 혀가 사람 잡는다"라는 속담은 약 9센티미터밖에 안 되는 짧은 혀라도 잘못 말하면 사람이 죽을 수도 있으니 말을 함부로 하면 안 된다는 뜻이다.

08 | 인 | 터 | 넷 | 의 발달로 생긴 문제를 예방하는 방법

> 이 글은 인터넷의 발달로 우리 생활이 어떻게 편리해졌는지 제시하고, 이에 따르는 문제가 있음을 밝히고 있다. 그다음 인터넷의 발달로 생긴 문제를 예방하는 방법을 소개하고 있다.

09 ⑤ 가족이나 친구들과 함께 보내는 시간이 늘었다.

> 1문단에 오늘날 인터넷의 발달이 우리 생활에 미친 좋은 영향이 나와 있다. ⑤는 인터넷 중독을 예방하기 위해 우리가 지녀야 할 태도이다.

10 ⑤ 저작권 침해 - 다른 사람이 만든 저작물을 주인의 허락 없이 사용하지 않는다.

> 2문단에 ⑦의 문제를 예방하는 방법이 나와 있다. ⑤의 내용은 저작권 침해를 예방하는 방법으로 알맞다.
> ①, ② 개인 정보 유출을 예방하는 방법이다.
> ③ 악성 댓글을 예방하는 방법이다.
> ④ 인터넷 중독을 예방하는 방법이다.

16

화산 활동의 두 얼굴

01 1 분출   2 기름지다

02 [떼다 | 치우다 | (가리다)]   [감추다 | 씌우다 | (벗기다)]

03 1 ㉠   2 ㉡

04 1 출국   2 출발   3 외출

05 1 (흑 | (흙))   2 (힙싸다 | (휩싸다))
   3 ((솟구치다) | 솓구치다)   4 (액채 | (액체))

> 1 '지구의 표면을 덮고 있는, 작은 알갱이로 이루어진 물질'을 뜻하는 어휘의 바른 표기는 '흙'이다.
> 2 '무엇이 온통 뒤덮다.'를 뜻하는 어휘의 바른 표기는 '휩싸다'이다.
> 3 '아래에서 위로, 또는 안에서 밖으로 세차게 솟아오르다.'를 뜻하는 어휘의 바른 표기는 '솟구치다'이다.
> 4 '물, 기름과 같이 부피가 있으나 일정한 형태가 없으며 흐르는 성질이 있는 물질'을 뜻하는 어휘의 바른 표기는 '액체'이다.

06 ① 눈이 산을 덮다. → [피동] 산이 눈으로 덮히다.

> '덮다'의 피동은 '-이-'가 붙은 '덮이다'이다. '덮히다'는 잘못된 표기이다.
> ② '물다'의 피동은 '-리-'가 붙은 '물리다'이다.
> ③ '먹다'의 피동은 '-히-'가 붙은 '먹히다'이다.
> ④ '안다'의 피동은 '-기-'가 붙은 '안기다'이다.
> ⑤ '꺾다'의 피동은 '-이-'가 붙은 '꺾이다'이다.

07 ⑤ 부지런하게 움직이고 꾸준히 노력하라.

> 두 속담 모두 가만히 있으면 제자리에 머물러 있거나 남보다 뒤떨어지기 마련이므로 부지런히 일하고 자기 자신을 발전시켜야 한다는 내용을 담고 있다.

08 화 산 활동이 우리에게 주는 영향

> 이 글은 화산 활동의 뜻을 설명한 뒤에, 화산 활동이 우리 생활에 주는 도움과 피해를 나누어 제시하고 있다.

09 ① 화산재가 공기를 깨끗하게 한다.

> 1문단에서 화산 활동이 우리에게 주는 도움이 나와 있다. 화산재가 공기를 깨끗하게 한다는 내용은 나와 있지 않다.

10 ☑ 용암이 흘러내리면서 도시와 농경지를 파괴한다.

> 2문단에 화산 활동이 우리 생활에 주는 피해가 나와 있다.

01 ❶ 순국   ❷ 거행

02 ☑ 진압

03 ❶ (치르다) | 고치다 | 마치다

❷ (맞서다) | 피하다 | 그만두다

04 ❶ 국보   ❷ 국토

05 ❶ (바치고 | 받히고 | 받치고)

❷ (바친 | 받힌 | 받친)

❸ (바치셨다 | 받히셨다 | 받치셨다)

06 ❶ 치렀다   ❷ 치른   ❸ 치르고

💬 '치루다'는 '치르다'의 잘못된 표현이다.
❶ '치르다'의 '치르-'에 '-었-'이 붙으면 '르'의 'ㅡ'가 탈락하여 '치렀'이 되고, 여기에 '-다'가 붙어 '치렀다'가 된다.

07 ☑ 목에 칼이 들어와도

💬 '목에 칼이 들어와도'는 죽음을 각오하고 무슨 일이 있더라도 끝까지 버틴다는 뜻이므로, 밑줄 그은 부분에 들어가기에 자연스럽다.

08 유관순이 일제에 저항하기 위해 | 독립 | 만세 운동을 한 과정

💬 1919년 3월 1일, 유관순은 서울 탑골 공원에서 독립 만세를 불렀고, 고향으로 내려가서도 독립 만세 시위를 열 계획을 세우고 천안 아우내 장터에서 사람들과 함께 독립 만세를 불렀다.

09 ⑤ 마을 사람들에게 독립 만세 시위에 참여하자고 했다.

💬 고향인 천안으로 내려간 유관순은 독립 만세 시위를 열 계획을 세우고 마을 사람들에게 독립 만세를 부르는 일에 참여할 것을 권유했다.

10 ㉡

💬 유관순은 감옥에서 풀려나지 못했고, 감옥에 갇힌 와중에도 독립 만세를 외치다가 어린 나이에 순국했다.

18 우리말 지키기

본문 76-79쪽

01 **1** (떳떳하고 자랑스럽게 | 부끄럽고 실망스럽게) **2** (나가다 | 들어오다)

02 근본

03 ☑ 교환

04 **1** 거 **2** 명

05 **1** 대체품 **2** 창작품 **3** 화장품

06 ③ 들어오다

> ① 귀에 익다: 들은 기억이 있다.
> ② 머리에 맴돌다: 분명하지 않은 생각이 계속 떠오르다.
> ④ 머리에 그려 넣다: 어떤 대상이나 사실을 단단히 기억해 두다.
> ⑤ 귀에 못이 박히다: 어떤 말을 너무 많이 듣다.

07 ① 꿩 대신 닭

> 지효는 수민이가 합창 대회에서 빠지게 되자 남은 아이들 중에 그나마 노래를 가장 잘하는 진우에게 수민이의 빈자리를 대신해 달라고 부탁하려고 한다. 이 상황처럼 꼭 적당한 것이 없을 때 그와 비슷한 것으로 대신하는 경우를 가리키는 속담은 "꿩 대신 닭"이다.
> ② 꿩 구워 먹은 자리: 어떠한 일의 흔적이 전혀 없다.
> ③ 꿩 먹고 알 먹는다: 한 가지 일을 하여 두 가지 이상의 이익을 보게 되다.
> ④ 소 닭 보듯, 닭 소 보듯: 서로 아무런 관심도 두지 않고 있는 사이
> ⑤ 닭 쫓던 개 지붕 쳐다보듯: 애써 하던 일이 실패로 돌아가거나 남보다 뒤떨어져 어찌할 도리가 없이 되다.

08 외 래 어 와 외국어를 함부로 쓰면 안되는 이유

> 이 글은 다른 나라에서 들어온 말인 외래어와 외국어의 뜻을 설명하고, 이 말들을 함부로 쓰면 안 되는 이유를 알려 주고 있다.

09 ⑤ 외국어는 우리말로 대체할 수 있지만 외래어는 대체하기 어렵다.

> 1문단에 다른 나라에서 들어온 말인 외래어와 외국어에 대한 설명이 나와 있다.
> ① '밀크, 게스트'는 외국어, ② '버스, 텔레비전'은 외래어의 예로 알맞다. ③은 외래어, ④는 외국어에 대한 설명이다.

10 지훈

> 2문단에서 외래어, 외국어를 함부로 쓰면 그 말을 잘 알지 못하는 사람과 원활한 의사소통을 하기 어렵다고 했다. 따라서 외국어에 익숙하지 않은 사람과 대화할 때는 우리말을 사용하는 것이 좋다.

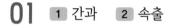
01 ① 간과 ② 속출

02 믿을

03 ① ㄴ ② ㄱ

04 ① 확신 ② 배신

05 ① [난노 | 난로 | 날로]

　② [신뇌 | 신뢰 | 실뢰]

　③ [전나도 | 전라도 | 절라도]

06 ③ 일을 미리 처리하지 않다가 나중에 큰 힘을 들이게 된다.

> 아픈 이를 그대로 두었다가 치료비만 커졌다는 말에 유리는 "호미로 막을 것을 가래로 막는다"라는 속담을 사용했다. 이 말은 '적은 힘으로 충분히 처리할 수 있는 일에 쓸데없이 많은 힘을 들이다. 즉, 일을 미리 처리하지 않다가 나중에 큰 힘을 들이게 된다.'라는 뜻이다.
> ① "비 온 뒤에 땅이 굳어진다"의 뜻이다.
> ② "산 넘어 산이다"의 뜻이다.
> ④ "돌다리도 두들겨 보고 건너라"의 뜻이다.
> ⑤ "바늘 도둑이 소도둑 된다"의 뜻이다.

07 ☑ 반신반의(半信半疑)

> '반신반의(반 半, 믿다 信, 반 半, 의심하다 疑)'는 '반은 믿고 반은 의심한다.'라는 뜻으로, 어떤 일이나 사람에 대해 어느 정도 믿기는 하지만 확실히 믿지 못하고 의심하는 경우에 사용한다.

08 평균 의 함정에 빠진 사례와 평균 의 함정에 빠지지 않는 방법

> 이 글에서는 평균의 함정에 빠진 장군과 병사들의 사례를 통해 평균의 함정에 빠지지 않으려면 어떻게 해야 하는지 설명하고 있다.

09 ④ 강의 한가운데 수심이 병사들의 키보다 훨씬 깊었기 때문이다.

> 장군은 강의 평균 수심이 140센티미터이니 키가 170센티미터가 넘는 병사들이 강을 건너도 안전할 것이라고 생각했다. 그러나 물에 빠져 죽는 병사들이 속출했는데, 이는 강의 한가운데 수심이 병사들의 키보다 훨씬 깊다는 것을 간과했기 때문이다.

10 선경

> 평균만 보고는 자료에서 가장 크거나 작은 값을 알 수 없기 때문에 평균의 함정에 빠지게 된다. 자료를 정확하게 파악하려면 평균값과 함께 자료에서 가장 크거나 작은 값도 살펴봐야 한다.

20 우리 몸에 사는 세균

본문 84-87쪽

01 1 ((되찾다) | 되찾지 못하다)   2 (키워 내는 | (이겨 내는))

02 1 ㉠   2 ㉢   3 ㉡

03 ☑ 증세

04 1 전   2 고

05 1 예매하다   2 대부분   3 신제품

> 1 '예매하다'는 '미리 값을 치르고 사 두다.'라는 뜻이므로 '미리'와 반복하여 사용하지 않는다.
> 2 '대부분'은 '전체 수량에 거의 가까운 수량'이라는 뜻이므로 '거의'와 반복하여 사용하지 않는다.
> 3 '신제품'은 '새로 만든 물건'이라는 뜻이므로 '새로'와 반복하여 사용하지 않는다.

06 ⑤ 바람을 일으키다

> 밑줄 그은 부분에는 영향을 미친다는 뜻을 지닌 관용 표현이 들어가야 한다. '바람을 일으키다'는 '사회적으로 많은 사람에게 영향을 미치다.'라는 뜻이다.
> ① 다 되어 가는 일에 탈이 생기다.
> ② 헛된 짓을 꾀하거나 그것을 부추기다.
> ③ 기분 전환을 위하여 바깥이나 딴 곳을 거닐거나 다니다.
> ④ 한창 번성하는 기운이 없어지다.

07 ② 사업에 실패하여 진 빚도 많은데 큰 병에 걸린 경우

> ②는 위기의 상황만 있을 뿐 위기에서 회복하거나 살아남은 것은 나타나 있지 않다. 따라서 '기사회생(起死回生)'을 사용하기에 알맞지 않다. 난처한 일이나 불행한 일이 잇따라 일어남을 이르는 말인 '설상가상(雪上加霜)'이 어울린다.

08 장에 사는 세 균

> 이 글은 우리 몸속의 장에 살고 있는 세균에 대해 설명하고 있다.

09 ① 장은 세균이 살기 힘든 환경이다.

> 장은 영양분이 풍부하고 적당한 온도가 유지되기 때문에 세균이 살기 좋은 환경이라고 했다.

10 지효

> 장에 사는 세균 중 유익균은 우리 건강에 도움을 주기 때문에 없애면 안 된다. 2문단에서 곡물과 채소 등을 먹어야 유익균이 늘어나 장 건강이 좋아지고, 면역력을 높일 수 있다고 했다.

실력 확인 1회

1 형상

2 자재

3 대가

4 ㉠ 대신할 만한 것으로 바꾸다.

💬 ㉡은 '배치'의 뜻이다.

5 ㉡ 단단한 물체를 가루처럼 잘게 부스러뜨리다.

💬 ㉠은 '연장'의 뜻이다.

6 ⑤ 앞으로 해야 할 일이나 겪을 일에 대한 마음의 준비를 하다.

💬 ① '추정'의 뜻이다.
② '기울이다'의 뜻이다.
③ '마련'의 뜻이다.
④ '중시'의 뜻이다.

7 ⑤ 의존: 어떠한 현상이나 행동을 일으키거나 영향을 미치다.

💬 ⑤는 '작용'의 뜻이다. '의존'은 '다른 것에 의지하여 존재하다.'라는 뜻이다.

8 ② 선보이다

💬 '선보이다'는 '새로운 것을 처음으로 내놓아 보여 주다.'라는 뜻이다.

9 ③ 사장은 직원을 <u>침해하여</u> 모든 회사 일을 맡겼다.

💬 '침해'는 '남의 권리나 재산, 신분 따위에 함부로 끼어들어 해를 끼치다.'라는 뜻으로 ③의 문장에 어울리지 않는다.
③에는 '굳게 믿고 의지하다.'라는 뜻의 '신뢰'가 어울린다.

10 ☑ 거행했다.

💬 '거행하다'는 '의식이나 행사 따위를 치르다.', '지지하다'는 '무거운 물건을 받치거나 버티다.'라는 뜻이다.

11 ☑ 간과하지

💬 '간과하다'는 '큰 관심 없이 대강 보아 넘기다.', '추정하다'는 '미루어 생각하여 결정하다.'라는 뜻이다.

12 ② 재난, 재앙

'재난'은 '뜻밖에 일어난 불행한 사고나 고난'이라는 뜻으로 '뜻하지 아니하게 생긴 불행한 변고, 또는 천재지변으로 인한 불행한 사고'를 의미하는 '재앙'과 뜻이 비슷한 어휘이다.
①, ③, ④, ⑤는 뜻이 반대인 어휘끼리 짝 지은 것이다.

13 ③ 변함없다

'한결같다'는 '처음부터 끝까지 변함없이 꼭 같다.'라는 뜻으로 ③과 바꾸어 쓸 수 있다.
① '다르다'는 '비교가 되는 두 대상이 서로 같지 아니하다.'는 뜻이다.
② '이상하다'는 '정상적인 상태와 다르다.'는 뜻이다.
④ '변덕스럽다'는 '이랬다저랬다 하는, 변하기 쉬운 태도나 성질이 있다.'는 뜻이다.
⑤ '들쑥날쑥하다'는 '들어가기도 하고 나오기도 하여 가지런하지 아니하다.'는 뜻이다.

14 ④ 약하다, 견고하다

'견고하다'는 '단단하고 튼튼하다.'는 뜻이다. '약하다'는 '튼튼하지 못하다.'는 뜻이므로 '견고하다'와 반대의 뜻을 지닌다.
①, ②, ③, ⑤는 뜻이 비슷한 어휘끼리 짝 지은 것이다.

15 비방

16 구비

17 전망

18 ⑤ 다른 것보다 더 두드러지게 드러내 놓거나 중요하게 여기다.

⑤는 밑줄 그은 관용어인 '앞에 내세우다'의 뜻이다.
① '갈 길이 멀다'의 뜻이다.
② '앞뒤를 가리지 않다'의 뜻이다.
③ '눈이 어둡다'의 뜻이다.
④ '마음에 차다'의 뜻이다.

19 ④ 다른 사람을 함부로 비방하지 말자.

20 ③ 견문

③ '견문'은 '보고 들은 경험이나 이를 통해 얻은 지식'을 뜻하므로 빈칸에 들어갈 어휘로 알맞다.

실력 확인 2회

1 ㉠ 강제로 억눌러 가라앉히다.

💬 ㉡은 '대항'의 뜻이다.

2 ㉠ 마음속에 일어나는 느낌이나 생각

💬 ㉡은 '견문'의 뜻이다.

3 ③ 어떤 일이나 현상이 일어나는 횟수가 매우 많다.

💬 ① '대체'의 뜻이다.　　　　　　　② '한결같다'의 뜻이다.
　　④ '회복'의 뜻이다.　　　　　　　⑤ '작용'의 뜻이다.

4　　근본

5　　면역력

6　　분출

7 ② 순국: 의식이나 행사 따위를 치르다.

💬 ② '순국'은 '나라를 위하여 목숨을 바치다.'라는 뜻이다. '의식이나 행사 따위를 치르다.'는 '거행'의 뜻이다.

8 ☑ 상징한다.

💬 '상징하다'는 '어떤 사실이나 생각, 느낌을 구체적인 사물로 나타내다. 또는 그렇게 나타낸 기호나 사물'이라는 뜻이다. '전망하다'는 '앞날을 헤아려 내다보다. 또는 내다보이는 앞날의 상황'이라는 뜻이다.

9 ☑ 매긴다.

💬 '매기다'는 '일정한 기준에 따라 사물의 값이나 등수를 정하다.', '구비하다'는 '있어야 할 것을 빠짐없이 다 갖추다.'라는 뜻이다.

10 ③ 가게 주인은 직원에게 월급을 배치하였다.

💬 ③의 '배치'는 '사람이나 물건을 알맞은 자리에 나누어 두다.'라는 뜻으로 문장에 어울리지 않는다. ③에는 '돈이나 물건 따위를 정해진 몫만큼 내주다.'라는 뜻의 '지급'이 어울린다.

11 ⑤ 의존

💬 '의존'은 '다른 것에 의지하여 존재하다.'라는 뜻이다. 기억에 의지하여 자료의 내용을 떠올리거나, 외국에서 수입하는 식량에 의지한다는 내용에는 '의존'이 어울린다.

12 진입

13 생존

14 연장

15 ③ 속출했다

'추정하다'는 '미루어 생각하여 결정하다.'라는 뜻으로 ①, ②, ④, ⑤와 바꾸어 써도 문장의 뜻이 통한다. ③ '속출하다'는 '잇따라 나오다.'라는 뜻으로 '추정하다'와 바꾸어 쓰기에 알맞지 않다.

16 ② 유출, 유입

'유출'은 '중요한 물건이나 정보 따위가 밖으로 새어나가다.'라는 뜻이고 '유입'은 '액체나 기체, 돈, 물품 따위의 재화가 들어온다.'라는 뜻이므로 뜻이 반대된다.
①, ③, ④, ⑤는 뜻이 비슷한 어휘끼리 짝 지은 것이다.

17 ② 자부심, 자긍심

'자부심'은 '자신의 가치나 능력을 믿고 당당히 여기는 마음'이라는 뜻으로, '스스로에게 긍지를 가지는 마음'이라는 뜻의 '자긍심'과 뜻이 비슷하다.
①, ③, ④, ⑤는 반대의 뜻을 지니는 어휘끼리 짝 지은 것이다.

18 ⑤ 머리를 싸매다

'머리를 싸매다'에서 우리 몸에서 생각하는 기관인 머리를 싸맨다는 것은 그만큼 무엇을 열심히 생각하고 노력한다는 의미이다.
① '씀씀이가 너그럽고 크다.'라는 뜻이다.
② '한두 번 가 본 길을 잊지 않고 찾아갈 만큼 길을 잘 기억하다.'라는 뜻이다.
③ '서로 생각이 같아 이해가 잘되다.'라는 뜻이다.
④ '요금이나 물건 값을 실제 가격보다 비싸게 지불하여 억울한 손해를 보다.'라는 뜻이다.

19 ⑤ 아무리 훌륭한 사람도 세세하게 따지면 작은 흠은 있다.

20 ⑤ 재난

'재난'은 '뜻밖에 일어난 불행한 사고나 고난'을 뜻하는 말로 괄호 안에 들어갈 어휘로 알맞다.
① '행운'은 '좋은 운수. 또는 행복한 운수'라는 뜻이다.
② '바람'은 '어떤 일이 이루어지기를 기다리는 간절한 마음'이라는 뜻이다.
③ '장난'은 '주로 어린아이들이 재미로 하는 짓. 또는 심심풀이로 하는 짓'이라는 뜻이다.
④ '규범'은 '마땅히 따르고 지켜야 할 본보기'라는 뜻이다.

속담·한자 성어 깊이 알기

옥에도 티가 있다
—
본문 18쪽

'옥'은 연한 녹색이나 회색을 띠며, 빛이 곱고 모양이 아름다워 보석으로 많이 씁니다. 보석으로 쓸 만큼 곱고 아름다우며 반질반질하게 잘 다듬어 놓은 옥에도 티가 있다는 것은 '아무리 훌륭한 사람 또는 좋은 물건이라 해도 세세하게 따지고 보면 작은 흠은 있다.'라는 뜻입니다.

예 옥에도 티가 있다고 우리 언니는 공부도 잘하고 운동도 잘하지만 노래는 못한다.

가랑비에 옷 젖는 줄 모른다
—
본문 26쪽

'가랑비'는 아주 가늘게 내리는 비입니다. 그래서 맞아도 옷이 젖는 줄 깨닫지 못하고 금방 마를 것이라고 생각하기 쉽습니다. 하지만 가늘게 내리는 비는 조금씩 젖어 들기 때문에 자신도 모르는 사이 옷이 흠뻑 젖을 수 있습니다. 즉 이 속담은 '아무리 사소한 것이라도 자주 반복되면 나중에는 무시하지 못할 정도로 큰 피해를 볼 수 있다.'라는 뜻입니다.

예 가랑비에 옷 젖는 줄 모른다고 과자를 하루에 하나씩 사 먹다 보니 어느새 한 달 용돈을 다 써 버렸다.

세 치 혀가 사람 잡는다
—
본문 66쪽

'치'는 길이를 재는 단위로, 한 치는 약 3센티미터입니다. 이 속담은 약 9센티미터밖에 안 되는 짧은 혀라도 잘못 말하면 사람이 죽게 될 수도 있다는 뜻으로, 말을 함부로 하면 안 된다는 의미로 사용합니다. 이 속담 외에 말조심에 관한 속담으로는 "낮말은 새가 듣고 밤말은 쥐가 듣는다", "발 없는 말이 천 리 간다" 등이 있습니다.

예 내 짝은 다른 사람의 기분은 생각하지 않고 말을 함부로 한다. 세 치 혀가 사람 잡는다는데, 말조심을 했으면 좋겠다.

꿩 대신 닭
—
본문 78쪽

옛날에도 설날에는 명절 음식으로 떡국을 끓여 먹었습니다. 옛날에는 오늘날과 다르게 꿩고기를 넣어 떡국을 끓였습니다. 그러나 일반 백성들은 꿩고기를 구하기가 어려워서 꿩고기 대신 닭고기를 떡국에 넣어 먹었다고 합니다. 그래서 이 속담은 꼭 적당한 것이 없을 때 그와 비슷한 것으로 대신하는 경우를 뜻합니다.

예 친구들과 축구를 하는데 한 명이 부족해서 꿩 대신 닭이라고 내 동생을 끼워 주었다.

유비무환

본문 10쪽

있다	유 (有)
갖추다	비 (備)
없다	무 (無)
근심	환 (患)

이 한자 성어는 '미리 준비가 되어 있으면 걱정할 일이 없다.'라는 뜻입니다. 중국 진나라 황제에게는 사마위강이라는 신하가 있었습니다. 사마위강은 황제에게 늘 "나라가 편안한 때일수록 위기가 닥쳐올 것을 생각해야 합니다. 그리고 미리 모든 일을 준비하고 있으면 걱정할 것이 아무것도 없습니다."라고 말했다고 합니다. 이는 무슨 일이든 미리 준비를 갖춰 두면, 나중에 걱정할 일이 없다는 것을 의미합니다.

📖 독감이 유행이니 유비무환(有備無患)의 마음가짐으로 손을 항상 깨끗이 씻어야겠다.

청천벽력

본문 26쪽

푸르다	청 (靑)
하늘	천 (天)
벼락	벽 (霹)
벼락	력 (靂)

이 한자 성어는 '맑게 갠 하늘에서 날벼락이 친다.'는 뜻입니다. 벼락은 보통 비가 오는 날이나 날씨가 흐린 날에 칩니다. 맑은 날씨에 갑자기 벼락이 친다는 것은 흔한 일이 아닙니다. 그래서 이 한자 성어는 '뜻밖에 일어난 큰 사건이나 재난'을 가리킵니다.

📖 내일 갑자기 쪽지 시험을 친다는 청천벽력(靑天霹靂)과 같은 소식을 들었다.

좌정관천

본문 30쪽

앉다	좌 (坐)
우물	정 (井)
보다	관 (觀)
하늘	천 (天)

이 한자 성어는 속담 "우물 안 개구리"와 같은 뜻으로, 우물 속에 앉아서 하늘은 본다는 말입니다. 좁은 우물 속에서 하늘을 보면, 넓은 하늘의 아주 일부만이 보입니다. 그러나 우물 밖에는 크고 넓은 하늘이 존재합니다. 이 한자 성어는 우물 안에서 사는 개구리처럼 '사람의 견문이 매우 좁아 세상일의 형편을 잘 알지 못한다.'는 뜻입니다.

📖 고작 우리 반 1등인 네가 전국 1등처럼 우쭐거리는 모습이 좌정관천(坐井觀天)이다.

기사회생

본문 86쪽

일어나다	기 (起)
죽다	사 (死)
돌아오다	회 (回)
살다	생 (生)

러시아의 유명한 소설가 도스토옙스키는 어린 나이에 러시아 혁명에 참여했다가 사형을 선고받았습니다. 그는 지금까지의 삶을 되돌아보며 죽음을 받아들이려 했습니다. 그런데 그 순간 사형을 멈추라는 황제의 명령이 전해졌고, 도스토옙스키는 기적처럼 다시 살아남았습니다. 이 한자 성어는 '거의 죽을 뻔하다가 살아나다.'라는 뜻으로, 죽음과 같은 큰 위기에서 기적처럼 회복하거나 살아남는 경우를 뜻합니다.

📖 경기 내내 지고 있던 우리 팀은 종료 직전에 골을 넣어 기사회생(起死回生)했다.

memo